星のサンティアゴへ

69歳の冒険――巡礼路をたどった1021キロ車の旅

橋本 範子

誠文堂新光社

ウルナガコ貯水池。ドライブ開始１時間後。湖畔の町レグティアノで昼食（79 頁）

トレス・デル・リオのメインストリート。左は巡礼の宿（98 頁）

ブルゴス大聖堂。世界文化遺産（119 頁）

きれいに耕された赤土の畑。間違えて入り込んだ風車の林立する道（132 頁）

カストロヘリス。中央 Y 字路右手がブルゴスから来る巡礼路（151 頁）

お土産

白い器はスペイン北部伝統のワイン用盃。右端はビールのおつまみ入れに。奥のコーヒーカップはスペインを感じる赤。新聞紙で包んでくれた

左は巡礼路の道標をかたどったもの。右はペーパーウエイト用に

サンティアゴ巡礼路を行く

アストルガ大聖堂横を通勤する人。聖堂壁にブルーの巡礼路案内板（187 頁）

早朝のアストルガ司教館。ガウディの設計による（193 頁）

アストルガの肉屋さん。作業台も包丁も一滴の血の跡もない（198 頁）

北メセタ。空に吸い込まれそうな大平原の一本道 LE-521 から（170 頁）

セブレイロ峠のサンタ・マリア教会。圧倒的重量感（207 頁）

セブレイロ峠を登りきったドイツ人少年（204 頁）

セブレイロ峠の頂上から峠の集落と LU-633（206 頁）

ホテル・イェリで特産品のアスパラガス。ザクザクと歯ごたえよく美味（121頁）

サンタ・マリア・デル・カンポ、バールのピンチョス。左はジャガイモのオムレツ、トルティージャ（145 頁）

イェリの朝食。特大オムレツサンドが家庭的（93 頁）

フロミスタの前菜は白インゲン豆煮込み、ファバーダ。黒いのは乾燥「血のソーセージ」モルシージャ。スペイン北部の郷土料理（156 頁）

サリアの夕食。ガリシア地方の伝統野菜グロレスの卵とじ風。シンプルで美味（220 頁）

バレンシアの昼食。「スペイン語を一言も話さずに注文する方法」で豚肉の一皿を（174 頁）

サリアの夕食。ビーフステーキ、全部は無理（221 頁）

小カブとカブの葉の野菜スープ。ガリシア地方のお袋の味。美味しかった（246 頁）

サンティアゴ旧市街のレストラン街のタパス（お惣菜）バールで（250 頁）

巡礼路・道路標識

フロミスタからカリオン・デ・ロス・コンデスまで国道に並走する巡礼路（162 頁）

巡礼路を示す道標（93 頁）

セブレイロ峠に登ってくる巡礼路（203 頁）

イラーチェ、サンタ・マリア修道院前のワイナリー。ワインと水を無料で提供。手前道路が巡礼路（94 頁）

セブレイロ峠から下る LU-633 を横切る巡礼カップル（214 頁）

森の巡礼路（237 頁）

カストロヘリス。18km は BU-400 終点までの距離

コバルビアスの交差点。白は地名、紫は宗教施設、茶は史跡や国立公園

アルファベット 2 文字と数字 4 桁の組み合わせは地方道を示す

２０１７年3月23日。
一人でスペイン国内のサンティアゴ巡礼路をたどる車の旅に出発した。
六十九歳だった。
この本は、その旅の始まりからの「記憶」を書き起こしたものである。

橋本 範子

星のサンティアゴへ　目次

サンティアゴ巡礼路は、キリスト教の聖地サンティアゴ・デ・コンポステーラを詣でる巡礼路のこと。キリストの十二使徒の一人、聖ヤコブ、スペイン語ではサンティアゴの墓が、天使のお告げにより見つかったとされる場所に、サンティアゴ大聖堂が建てられたことに由来する。以後、ローマ・エルサレムとともに、キリスト教三大聖地の一つになった。

巡礼路はフランス各地から出発するので、フランス人の道とも呼ばれている。フランス語では Les chemins de Saint Jacques（サン・ジャックの道）、スペイン語は El Camino de Santiago（サンティアゴの道）という名称で呼ばれる。フランス国内の出発地は四つあり、それぞれに名前がついている。巡礼路はフランス・スペイン国境に横たわる、ピレネー山脈の峠を越えて行く。四つの道のうち三つはフランス側のサン・ジャン・ピエ・ド・ポールで合流し、イバニェタ峠（もしくはレポエデール峠）を越える。一番南の道はソンポルト峠を越える。スペイン国内に入った二つの道は、パンプローナ近郊のプエンテ・ラ・レイナで一つになり、サンティアゴへ向かう。スペイン国内だけでもおよそ８００キロの道である。１９９３年、ユネスコの世界遺産に登録された。

地名「コンポステーラ」の由来は諸説ある。ラテン語の「Campus stellae」（星の野）あるいは「Compositum」（墓場）にちなむとも言われる。「星のサンティアゴ」は、その語源にイメージを喚起され、筆者がこの本のために聖地に冠した名前である。

プロローグ

どっか行こう！


旅に先立つこと一年前のある日、仕事机の上の電話が鳴った。

「もしもし」

受話器をとると、いきなり四国の高松に住む、我が『旅友』の声が耳元に響いた。

「わたしィ。Ｙだけど」

一瞬、オオッと思う。メールだって、電話だって自分からなんか絶対してこない人なのに。姓も名も頭文字はＹで始まる彼女、名前のＹをとって「Ｙちゃん」とみんなに呼ばれている。

「アァ！　どうしたの。なんかあったぁ？」と思わず聞いてしまう。

「なんもないけど。あのさぁ、どっか行こう！　私もう我慢できない。五年だよ」

サンティアゴ巡礼路を車でたどる旅は、我が旅友の悲痛な叫びのような電話から始まった。

Yの言う五年とは、海外旅行に五年間行っていないという意味だ。
そんなこと言われても、と内心思う。

そう言うにはわけがあって、五年前にも同じく電話がかかってきて、今すぐどっか行こうと言う。今日にでも日本を発たなければ、Yの身に重大な何事かが起こりそうに言うのだ。火の手に追われるネズミが頭の中を走った気がした。参ったな。寝た子を起こさないでよと思ったが、結局、寝た子は起きてしまい、起きた子は走りまわる。それから三か月後の12月初めに、一週間の予定でローマに行ってしまった。

その頃、Yも私もいわゆる教育産業の末端に連なる仕事をしていた。12月は月の後半から多忙になる。にもかかわらず、なんとか時間をつくり、ホテルをとる以外は何の準備もなしに、あたふたと旅立った。ガイドブック片手の安直な旅だったから、旅の興奮も感慨もわかず、重量感のない旅になった。

「ローマの二の舞はごめんだから、今すぐなんて行かない！　キチンと計画立てて、時間もたっぷりとれるときになら行ってもいい」

そのとき、Yにはもう一つクリアすべきハードルがあったのを思いだす。

「Sちゃんの許可はとったの?」

Sちゃんとは夫のSさんのことだ。実はYの「どこか行きたい」熱はローマだけでは収まらず、年が明けた2月の末、姪の卒業旅行の付き添いと称して、姪と一緒にフランスへ行った。某H社のツアーだった。12月に続く妻の不在を健気に耐えた夫のSさんが、ツアーから戻ったYにこう言ったのだそうだ。

「もう、行ってくれるな」

以来、「海外渡航禁止令」が出ていたはずが、そちらのほうは五年にわたる謹慎が正当に評価され、どうやら解除になったらしい。

「あなたの行きたいところ、時期もあなたの都合に合わせるから、行こう」

よほど行きたいのだなと、あらためて思う。五年の渡航禁止令とは言ったが、その間、Sさんの定年を含め生活環境の変化もあって、さすがのYも夫を置いてひとり海外旅行など出にくい事情があったのだろうと察しはつく。

「時期はあなたに合わせる」ふむふむ。

「場所もあなたの行きたいところでいい」ふぅーむ。

要注意。頭はいいし、回転も速い。故にこちらの提案をなんだかんだと、小出しのだめだしを積み上げてすり抜け、結局自分の行きたいところへ落としてきたYだ。

とはいえ、行く場所については、彼女の要望を優先的に取り入れることにしている。Yの好奇心に、実は私は一目置いている。発想のなる木があるとしたら、まったく違う進化の仕方をした完全なる異種。それが彼女の好奇心なのだ。

スコットランドへ行こうと言えば、「ネッシー見たぁい！」とネッシーから入る人。また、イタリア北部となれば、「私はアイスマンが見れたら、あとはどこでもいいよぉ」と答える。アイスマンとは、イタリア・オーストリア国境にある、山岳地帯の氷河の中から見つかった、5300年前のミイラのことだ。観光には興味がないのかっていうとそうではなく、こう答えるはずだ。

「もちろん、興味あるよ。でもあなたとおんなじ場所だから」

かくして、わたくしは地図を広げ、ガイドブックのあっちをめくり、こっちをめくり、ネットの旅行記を読みちらし、所要時間を見極め、旅のルートと日程を作っていく。へとへとになりながら。

その間Yが何をしているかお教え致しましょう。もし季節が冬なら、ストーブにくっついて「○○さんのおもしろスコットランド史」とか、そういった類いの本を読みあさっているのです。自分の楽しみのために。その間にパンなんか焼いたりしながら。自分の楽しみのために……です。

Yのことを話題にすると、つい愚痴っぽくなってしまう。

我が旅友のYYさん。私より一つ年下だから、これを書いている2018年の時点で六十九歳である。東京の大学に在籍した四年間を除けば、ずっと故郷の香川県で暮らしている。彼女とは大学生のころ、共通の友人がいて知りあった。

当時私がアルバイトをしていた神田神保町の「響」というジャズ喫茶に、そのころ大流行した「Dr.スランプ」という漫画の主人公、則巻アラレそのままにやってきた。鼻に顔からはみ出さんばかりのまん丸メガネをのせ、ストレートの長い髪をなびかせながらやってくるさまが、日本高度経済成長期の妖精のごとくで、話しかけるべき言葉に戸惑った。

初めて一緒に旅行をしたのは、二人とも五十代も終わろうかという頃だった。これはイタリア国鉄を利用する旅だったが、以後、移動手段を車に切り替え、スコットランド、南仏プロヴァンス地方と、車でともに旅を重ねている。


「で、どこか行きたい場所でもあるの?」

「ない。だから、どっか」

そういう電話ってあり? と思うが、そういう人だ。

確か場所は私の行きたいところでって……言ったよな。まず、イギリス本島のスコットランド以外の、つまりウエールズとイングランド地域を数か所車で回り、できればドーバー海峡をわたって、フランスのカレーまで行ってみたい。

「ウ~ン。姉と行ったしねぇ」

私は行ってない!

ならばと、フランスのペリゴール地方を車で回りたい、とざっと説明を加えながら言ってみる。

「ウ〜ン。いまいちイメージがつかめンワー」

でしょうね。ペリゴールはかの有名なトリュフの産地であり、食材の宝庫といわれる地方。別にトリュフが食べたいわけではない。豊富な食材を生むといわれる土地を見てみたかった。後述するが、旅のテーマが「食」ではYの説得材料にならないのはわかっていた。却下を覚悟のうえで言ってみたのだ。

三つ目の提案。実はずっと心にひっかかっている場所があった。聖地サンティアゴ。何年か前、NHKであるドキュメンタリーを見た。スペインの聖地、サンティアゴ・デ・コンポステーラへの巡礼路を歩く人々を追跡する番組だった。「三か月かけて、膨大な道のりを歩く人々がいる」うろ覚えだがそんなナレーションで始まったと記憶する。衝撃だった。歩いてみたい。そう思ったが、無理だなぁという気持ちも半ばしていた。Yは徹底したインドア派である。ストーブ脇の読書の人だ。徒歩の旅なんてぜったい無理。私にしてからが、外反母趾に加え、左足を骨折して以来、長時間の歩行が困難になっていた。徒歩はまず不可能だろうと、あきらめの気持ちの方が大きく、いまだ憧れの域をでない段階の話だった。

「サンティアゴ巡礼路って、行ってみたいなぁと、思うは思うんだけどねぇ」

どことなく歯切れの悪い口調にならざるを得ない。

「あ～サンティアゴねぇ～。私もすごく興味はあるんだけどねぇ～」

とYも語尾がどことなく間延びする。即答が身上のYにしてはめずらしい。

ハードな旅というイメージに加えて、そもそも車で巡礼路なんて、旅そのものが成立するのかすら判断できないところに二人とも立っていた。

「ところで、サンティアゴの巡礼路ってなんなん？」

思わず、もっとも根源の質問をしてみたくなる。

「知らん、わたしも」

と、こちらはYの即答。

とにかく情報収集をしようということになり、そのYの電話は切った。


「男性遍歴」ならぬ長い「旅友遍歴」の末に出会った我が『旅友』Y

ともに旅行をする決まった友人を『旅友』と呼ぶとする。そういう友人がいるとしたら、それは大変な幸運のもとに出会った関係と言っていい。もしかしたら、そういう関係は、宝くじなみに、いや宝くじに当たるより難しいとさえ思われる。

日頃、お茶や食事の付き合いが楽しい友人がいる。旅行に誘うと、「あんな人だと思わなかった」ということが旅の間に起こる。旅行から帰って、何となく疎遠になる。

赤の他人と一日二十四時間、海外ならそれを一週間とか二週間という長きにわたって起居を共にする。慣れない外国。疲労の蓄積と共に、自分にも、他人にも我がままになり、やがてその人の根源的人格が露呈する。別の言葉でいえば、馬脚を現すという状態になる。旅行は人を写すレントゲン写真のようなものだ。その骨の構造までわかってガッカリする。対人関係という目で見ると、旅行はそういう危険をはらんでいる。『旅友』は、日常の友人とは、本質的に違う何かがある。

Yは五十年も前から知っている友人の一人だったが、日常の付き合いはほとんどなかったから、長い間、旅行のようなアクティブなことに興味があるなんて夢にも思わなかった。それが、我が「旅友遍歴」の末に、青空から降ってきた虹色のキャンディかなにかのごとくに、あるとき唐突に旅友になった。Yとは今も日本出発前夜のホテルで「オオー、久しぶり!」という関係である。そういう意味では、旅行に特化した友人と言える。Yはまさに『旅友』なのだ。

我が旅友は　こんな人

さて、我が旅友のY。これがけっこう信頼できる旅友なのだ。良き旅友を得る困難さを思えば、最良の旅友と言うべきだろう。そう思う理由を少しあげてみる。

《直感力がすごい》

ほとんど直感でものを言う。優柔不断にかたむきやすいこちらを即断で助けてくれる。

《自分をコントロールできる》

頭から感情的になるのは、女性にありがちだが、そういうことはまずない。何があってもあまりパニクらない。不思議なことに窮地に陥れば陥るほど、当を得たことをいう。

《旅行鞄の中がよく整理されていて支度が早い》

旅行中、旅行鞄をひっくり返して探し物をするYを見たことがない。所持品の必要量を徹底して洗い出し、仕舞いやすく、取り出しやすくと、かなり試行錯誤してるなぁ、といつも感心する。また、朝の出発前も行動中も、ちょっと待ってということがほとんどない。

《旅行中無駄話をしない》

旅の同行者としては美点であると言いたい。海外に行ってまで日本の日常を引きずるような会話はしたくない。移動中はほとんど話さない。それでいて気づまりでも、退屈でもない。行動中、様々なことを観察し感じ、旅をそれぞれのやり方で楽しむことができる。

《好奇心・興味の対象がまったく違う》

「くだらない、どうでもいい」人がそう言いそうなことに、執着とも言うべきか、そういう関心の示しかたをする。私のひとり旅なら絶対に行かないようなところへ行きたがる。おかげで旅が多彩になる。

以前のフランス旅行では、行く先々でドラゴンをさがしていた。ドラゴンって、あの火

旅友Ｙ。最強の「晴れ女」だ。旅友として珍重する理由の一つ（スカイ島のホテルで）

を吹くやつです。背中に羽が生えた怪獣です。

ちなみに彼女好みのドラゴンはパリでは見つからず、ブールージュの小さな店にあった。私の目にはタバコ屋にしか見えなかった店だった。その手の嗅覚とでも言おうか、いつも驚かされるところだ。

《ユーモアの感覚が同じである》

物事の面白さが説明抜きで通じるのはありがたい。それに何よりも楽しい。

しかし……アキレス腱が……

Ｙとは日常の習慣も趣味嗜好も、ほとんど重なるところがない。それに、面倒なことは人にやんわり押しつけ、ご自分はのうのうと堂々と読書三昧をする人である。しかし、旅行に出ると、「違うこと」がむしろ心地いい。長い間旅友でありえた理由の一つだ。私の持ち場は、事前の細かいプランづくりと、現地ではもっぱら運転手に徹するという、おおむね「肉体労働系」。Ｙは常に無言のナビゲーターであり、影の司令塔なのである。

とはいえ、いい大人が二人、しかも女同士。そんなに何もかもがうまくいくの？　ですね。

最初に旅したイタリアでは、おたがいをスンナリ受け入れられないこともいくつかあった。Ｙは私の万事細かすぎる性状と、すべてに白黒をつけたがる思考回路に辟易していたようだし、私はＹのある事柄に困惑していた。それをＹの「アキレス腱」と呼ぶなら、我が旅友のＹはものすごい偏食をする。武士道ならぬ「偏食道」という、究めるべき道があるとすれば、精進に精進を重ねた、もうその道の大家と言っていい。

例えば、和食では酢の物、和え物を食べない。酢の物は酢がダメ。みそ和え・胡麻和えは、中に何が入っているかわからないからと変なことを言う。

ほうれん草の胡麻和えは、ほうれん草でしょう？

中に何がって、小豆の中の小石より、アサリの中の砂よりましでしょう？

さらに、アルコールはたしなまないから、お飲み物はと聞かれて、夜なのに「ウォーター」と言ってウエイターをドン引きさせる。外国ではスイーツも、魚介類もほぼ食べない。とまぁ、その類いのエピソードを語りはじめれば、きりがない。

というわけだから、レストランのメニューはかたっぱしから実に丁寧に読む。ときには係を呼んで質問もする。そうやって自分の味覚にあった食べ物を選んでいくＹを、こちらは茫然となかば感嘆しながら見ている。やがてＹの予想に反しない一皿がやってくると、実に嬉しそうに食べる。そんなＹを見ると、意味もなく自分のてがらのような気がしてしまう。

それで困惑したことというのは、私の注文した料理がテーブルに並ぶと、彼女こう言う。

「ワッ、まずそう！」

「ウヘエ、気持ちワルッ！」

そういう言葉の嵐の中で食事を開始する。

Yと初めて旅行したイタリアでは、めげずに食べ通した。二度目のスコットランド旅行のときは少し考えた。旅友としてのYの美点に気づきはじめていたのだ。ならば言うべきことだろうと意を決して言った。

なんて言ったかなんて、ここで書く勇気はとてもありません。ただ、ネガティブな感想は食後に言ってほしいということ、あまりに直接的な物言いは、あなたの人格を貶める行為のような気がする。というようなことを率直に言った。Yは自分が食べられないことの悔しさや、うらやむ気持ちの裏返しだと思う、と素直にその心情を吐露した。

そこには、共に旅する関係を破綻させたくないという気持ちの芽生えが、相互作用としてはたらいていた。Yとは幾度かそういう、いわば「軌道修正」を繰り返し、今は「旅」というキーワードでプログラミングされた軌道上を、静かに回る関係になった。

さてさて、以下は余談である。

女はとかくひと言多い生き物である。このスコットランドのときも、そう自覚しながら、最後にもうひと言つけ加えた。

「ついでに言うけど、なんでも私に毒見させるのはやめてね。自分で味をみて判断してください」

そうなのだ。彼女的に怪しい食べ物が出てくると、「チョット食べてみて」と私に味見をさせる。最初はまじめに感想を言ってあげていたのだが、あるとき、これはYのだめな味のような気がしたけれど、「おいしいよ」と言った。私はおいしかった。

「ほんま?」と、讃岐弁で嬉しそうにいい、口に入れた。

え~と、ランチセットのデザートについてきた、ピスタチオ味のアイスクリームだった。ピスタチオは大きらいだ。ホントはピスタチオ味とわかるまで若干の時間差があり、気がついたときには、スプーンはYの口元にあった。

「まぁーズーッ」

とスプーンを口に入れると同時に、Yはのけぞった。それがピスタチオ味と認識する前に、Yはそう言ったのだ。その道を極めていると言わざるを得ない。

というわけで、トリュフの産地、食材の宝庫のペリゴール地方なんて、「イメージわかんワァー」なのです。しかし、せめてビールくらいは、と思わないこともない。いつだったかYにこんなふうに言ったことがある。ビールと枝豆の絶妙な関係を知らずしてあの世に行くのは、あなたの人生最大の損失であると。Yはこう言った。

「枝豆だけでもスッゴクおいしい！」

そういうYを助手席に乗せて、スペインの空の下をトコトコと、「星のサンティアゴ」へ行くはずだった……

第一章　旅のルートをつくる

読みあさる日々　途方に暮れながらも……調べたおす日々

Yからの「どっかいこう」の電話から、車で「サンティアゴ巡礼路」をたどる旅は始まった。出発は一年後の3月末から。関空からパリ経由で、旅の最後はパリで三泊四日を過ごすことに決めた。

その電話を切り、試しに「サンティアゴ巡礼」でネット検索すると、デルワデルワ。みんな行っているんだなぁ、と感心する。

連日ネットのあちこちを調べていくうちに、「閑古鳥旅行社」という名前のサイトに行きあたる。サイトを運営されているのは木村岳人さんという方。もちろんお会いしたことはないが、著者紹介によれば、文化財ライターというユニークな肩書を標榜しておられる。2012年4月から7月にかけ、フランス中部の中枢都市、リヨンの西のル・ピュイという町から始まる、「ル・ピュイの道」と呼ばれる、およそ１６００キロのルートを歩かれた記録を、さまざまなエピソードと豊富な写真を交えて載せておられた。

さらに一冊の本にたどり着いた。中谷光月子さんの『サンティアゴ巡礼へ行こう！』（彩流社）だ。著者紹介によると、中谷さんは「サンティアゴ巡礼路ガイドのスペシャリスト」として百回以上もサンティアゴを訪れているとある。そのスペシャリストが自身のお母様とともに歩いた、「母娘巡礼記」という形をとっているのが『サンティアゴ巡礼へ行こう！』だ。巡礼路踏破を目指す人のニーズに応えうる、様々な情報を載せておられた。さらに巻末に各行程の地図と距離が、その標高差を示す図とともに、全行程分まとめられていた。

「閑古鳥」さんの写真を拝見していて、巡礼路の全行程を車で行くのは、かなり難しいということがはっきりした。

「行ってみないとわからないなぁ」

途方に暮れたが、徒歩コースの概要は見えてきた。「閑古鳥」さんの宿泊地を、グーグルマップに落とし込むことで、ドライブルートを検索する目安ができた。徒歩巡礼路に沿うかたちで一番近くを走る道路を選ぶことにする。

まずはフランス側からのピレネー山脈越えを考える。標高の高いソンポルト峠を抜け、スペイン側のハカに下りるルートを基本に組み立てる。ハカからサンティアゴまでのスペイン側のルートは、巡礼路上の町々をつなぐ。ざっくり見積もって１３００キロを超えた。

このルートの起点としたのは、フランスのポーという地方都市だ。交通の要衝の地としての歴史があり、ピレネーが一望できるロケーションが人気の町でもある。そこに空港があり、シャルル・ド・ゴール空港からおよそ一時間半のフライトでアクセスできる。

ポーからはN-134の一本道を行くとハカに至る。これはフランス、スペインの国境上にある、カンダンチュというスキーリゾートの下で長いトンネルになる。実際のソンポルト峠へは、トンネルの入り口近くからN-330aという、かなりローカルな道を登らないとならないが、ピレネーの雄大な山塊を見るならこっちだ。「アラゴンの道」と呼ばれる巡礼路と一致する区間なのも、旅の目的にかなっている。

ところが、ポー空港のレンタカー会社にエコノミークラスのオートマ車がない。大型のランドクルーザーか高級車になる。さらに、この車種では国境を越えての乗り捨てができないことも判明。車を回収する難しさがあるのだろう。

やむなく、今回はスペイン国内の巡礼路に特化する。試行錯誤の末、スペイン北東部最大の都市、ビルバオにド・ゴールからの路線があるのを発見。

以下が最終的に決定したプランである。

ドライブルート

＊四角で囲んだ場所は宿泊地。宿泊地のあいだは立ち寄り先や、通過する町。

ビルバオ空港（スペイン）車借り出し↓エステーリャ泊↓イラーチェ↓トレス・デル・リオ↓ユソ修道院↓サント・ドミンゴ・デ・ラ・カルサダ↓ブルゴス二泊（アタプエルカ遺跡バスツアー）↓シロス修道院↓フロミスタ泊↓アストルガ泊↓セブレイロ峠↓サリア泊↓サンティアゴ・デ・コンポステーラ空港車返却　総距離930・6km

航空券

《往路》

①関西国際空港（KIX）発11:50→シャルル・ド・ゴール国際空港（CDG）着16:45（現地時間）

②シャルル・ド・ゴール国際空港発20:35→ビルバオ空港（BIO）着22:10

《復路》

①サンティアゴ・デ・コンポステーラ空港（SCQ）11:45発→シャルル・ド・ゴール国際空港（CDG）13:45着

②シャルル・ド・ゴール空港13:25発→関西国際空港08:15着

レンタカー

＊レンタカー会社はヨーロッパカー。支店数が多く、日本支店もある。

ビルバオ空港支店　借り出し　2017/3/24（金）午前11:00

サンティアゴ・デ・コンポステーラ空港支店　返却　2017/3/30（木）午前11:00

清水の舞台から飛び降りて……あえて車で行く

二人とも別々にだが、ツアーの経験もあるし、一緒に鉄道の旅も経験した。

「あくびばっかりしてた」

これは、姪と行ったフランスツアーから帰国後のYの感想だ。同感だ。列車の旅も大好きだったが、その効率の悪さが、ほとほと嫌になっていた。ヨーロッパアルプスのふもとに点在する村々や、小さくて美しい海辺の町や、みんなあきらめざるを得なかった。

元祖インドア派のYにはキャリーを引いて移動の連続という旅が、少々重荷になっていた。私自身も外反母趾の痛みに耐えかねることが増えた。靴の問題とか、手荷物を軽くするとか、そういう小手先の改善ではどうにもならなくなってきたのだ。

前述したスコットランドの旅で、初めて車を使った。スコットランドの北東、北海油田の基地、アバディーンからネス湖まで車を使うことにした。そのあいだに横たわるスコッチウイスキー最大の生産地、スペイサイドと呼ばれる山間部の地域を、どうしても訪れてみたかった。さらにヘブリディズ諸島の美しい島、スカイ島もあきらめ切れなかった。スペイサイドでは、蒸留所から蒸留所への移動に、スカイ島は島の一周と入り江を望む小さなホテルの宿泊にと、車がなければ不可能な旅だった。

このとき、Yも私もツアーでという旅の選択肢は考えられなかった。清水の舞台から飛

ヨーロッパの田舎道を走る醍醐味（スカイ島）

び降りるほかはなかった。

この旅で、車で行く旅のすばらしさを発見した。スコットランド北部の丘陵地を走り、その美しさを堪能し、スカイ島の多様な自然の懐に飛び込む旅になった。また、スコットランドの車が、一般道を高速並みの速さで走るのに戦々恐々としながらも、それを可能にする道のつくりがあり、一般道を１００キロで行くのが当たり前という、日本とはまったく違う車文化があることを知り驚愕した。

日本に帰って、五感のすべてを使って旅をしてきたという充足感があった。Ｙも私も車の旅がすっかり気に入ってしまったのだった。

あえて、車で旅をするのは、他の手段では得られない旅をしたいからだ。

「ヨーロッパの田舎道を走りたい」

私の場合、車で行く旅のモチベーションだ。

ルートをつくるにあたっては、目的地以外の周辺部まで調べ倒す。そういう検索作業が、旅先の窮地を救うこともある。道はローカルかつシンプルな道路を選んでいく。シンプルとは、目的地まで、分岐路や交差する道路が少ないという意味だ。ローカルな道は車の通行量が格段に少なく、田舎の一本道という利点がある。自分のペースで走れるという安全上の理由は言うまでもないが、運転の楽しみが生まれる。

原則としてカーナビ・高速は使わない。カーナビの指定する道が、自分のとりたい道とは限らないし、あえて急ぐ旅をする理由もない。ルートを決めるのは、かなり面倒な作業になる。ドライブの所要時間もかかる。ヨーロッパの田舎道に待つドライブの楽しさを思うと、そういう煩雑さは克服できる。

克服すべきハードル　左ハンドル・右側走行　ラウンドアバウト

海外に自らの運転でドライブをしに行くというと、口をそろえて聞かれる。

「左ハンドル・右側走行って怖くない？　どうやって走るの？」

怖いかと問われれば、左ハンドル・右側走行そのものの恐怖はあまり感じない。道路に出てしまえば、流れに乗って走るだけだから、右車線を走っている感覚は実はあまりない。

最も気をつけるべきは、右折と左折のときだ。どのレーンに入ったらいいかがわからなくなったとか、間違って逆走したというのは、海外をドライブしたことのある人なら、一度ならず経験があるのではないだろうか。車の通行量の多い所ではあまり起こらない。自分の向かう方向がわかればその流れに入るだけだからだ。

なんて……えらそうに……

とはいえ、初めての海外ドライブは、日本と同じ右ハンドル・左側走行のイギリスをお勧めしたい。日本の知らない町を走るのと同じ戸惑いはあるが、右、左の違いにストレスを感じずにすむ。

初めて走った左ハンドル・右側走行の国はフランスだった。フランス版新幹線の、TGVアヴィニョン駅で車を借り、南仏プロヴァンスの田舎道を走った。このときはさすがに出発前、日本で右側走行の練習をした。孫のミニカーでの左ハンドル右走行の練習もイメージづくりに有効だった。でも、やっぱり、実際に車を走らせてみたい。公道ではない、かなりの規模の私道がある場所で練習した。小さなラウンドアバウトもある。車が走らない深夜に、そこへ右側走行の練習をしに出かけた。

その私道で練習したとき、車は日本車の右ハンドルだったが、それでも数回走ってみて、なるほどと思うことがあった。右側走行も左側走行も同じジャン！　ということがわかったのだ。

つまり、こういうことだ。

日本で走る場合、右手にある運転席は常にセンターライン寄りにある。右側走行も同じだ。

左手にある運転席は常にセンターライン寄りにある。運転席が常にセンターラインに沿うイメージを保って運転する。そうすると、右折・左折のときも、運転席がセンターラインに沿うように曲がればいい。逆走を防ぐ手段としては、かなり有効だと思う。

なんて、またまた、偉そうに言っておりますが……

それで何が怖いかというと、その保つべきイメージがフッと消えるときだ。例えば、車の通行量がないに等しい道で、ぼんやり考え事なんかしながら運転すると、右折・左折のとき日本の習慣が出る。

早朝もあぶない。フランスの田舎で、早朝出発したことがある。その日はTGVのアヴィニョン駅からパリ行きの列車に乗る予定だった。早めに出てアヴィニョン駅で車を返却後、駅のカフェで朝食をとりながら、ゆっくり過ごそうということになった。

その朝はあいにく濃い霧がただよっていた。早朝だから道路上に車もいない。悪い条件が重なった。朝食はとらず、起きてすぐのようにホテルを出たのも災いした。そこがフランスだという認識がよみがえるまで、しかるべき時間が必要だった。ホテルの敷地から道路へ出るのに、左折を日本と同じ左のレーンに入ってしまったのだ。つまり、逆走だ。

入ってすぐに、その霧の中から、女の人の運転する赤い小型車がヌッと現れたのだ。濃霧の中から真っ赤な仏車。今も鮮明に覚えている。ハッと気がついて急いでハンドルを右に切った。

あちらはいるはずのないところに車がいたのだから、わけもわからずパニクっただろうと思う。アッと口を開け、いわゆる目が点の状態。今思い出してもホント申し訳ない。助手席のYが、その赤い車が現れると同時に「あなたッ!」と叫んだ。油断すると、こういうことが起こりうる。

ということで、左ハンドル・右側走行そのものは、あまり怖くはない。油断が怖い。つまり、集中を欠く行為は日本も外国もなく危険だということになる。

車の往来が少ない早朝の出発は、ホテルの周辺を歩き、道順の確認作業をすることにしている。右折、左折時、運転再開のときは、指差し確認のような習慣をつけるか、もしくは、左を意識させるステッカーなどを貼って注意を喚起するなど、何かしら確認する工夫をするしか逆走を防ぐ方法はない。

しかし、もっと怖いことがある。何が一番怖いかと聞かれたら、道を知らないことと即答する。走行予定の道の様々な情報を知りたい。日本出発までの間、グーグルアースとストリートビューを使って、幾度となく走行のシミュレーションを繰り返す。道を知らないが故の恐怖を少しでも軽くしておきたいからだ。

ラウンドアバウト方式の交差点は、日本人にはまだまだなじみの少ない交差点だ。日本やイギリス、アイルランドのような左側走行の国だと時計回り。右側走行のヨーロッパの

【ラウンドアバウトの基本ルール】円内を走る車が優先。円内が二車線以上の場合、円内で進路変更はできない。円内は出口確認のために何回まわってもいい。円は二車線が標準の規模。右側走行では、直進車と右折車は円の外側を通り、左折車は円の内側を回る。円内三車線の場合は円の中心から外に向かって、左折・直進・右折と分かれる

大陸の国々は、反時計回り。回転の方向が違うだけで、どちらも基本のルールは同じだ。

スコットランドへ行ったとき、エジンバラのタクシーの運転手から、ラウンドアバウトの走り方を教わった。

「すごく、簡単さ」

そう言って、実際にラウンドアバウトを回りながら教えてくれた。

「入るときは右だけ見ろ。出るときは左だけ見ろ」

イギリスは日本と同じ左側走行だから、円内の車は、右からやってくる。入るときは右を見る。出るときは左側で進路を妨害する車がいないか、左のサイドミラーで確かめる。そういうふうに教えてくれたのだ。以後、彼の教

えをまもり、快適に通過している。

「旅ブルー」

何しに行くのかなぁ

ルートを選んで決める。さらに所要時間や距離を詳細に検討する。こういう作業はかなり時間がかかる。そういう、まぁ、根を詰める作業が一段落したとき、フッと「何しに行くのかなぁ」と思うことが幾度かある。

Yと二人で行く旅は、○○ツアーのように銘打つ、明確な目的がない。つまり買い物ツアーとか、グルメツアーとか、ゴルフや海に潜るというスポーツ系の旅でもない。また、旅行会社のツアーで行く観光旅行と違って、既定のルートがないから、そういう意味ではまったく未知に等しい場所を行く。当初スペインの北部なんて、グーグルマップは開いたものの、途方に暮れるばかりだった。そこを前述のように、読みあさって調べ倒してルートを掘り起こしていく。まさに、平面の地図から旅行プランを掘り起こす感覚だ。

その過程でまず疑問がわく。

「こんなに調べ倒して、何しに行くんだろう」

「新しい発見なんてあるのかなぁ。決めたことをただ消化するだけの旅なんじゃないの?」

という疑問だ。

ルートづくりの疲労がだんだん蓄積してくると、次の疑問がわく。

「こんなにしてまで行く価値があるのかなぁ」

旅のプランづくりに消費したエネルギーや予想される旅行費用に見合う、中身のある旅なのか懐疑的になる。

旅の準備がほぼ完了した時点で最後の疑問がわく。

「マジ、何しに行くんだろう」

マリッジブルーというのがある。結婚式が近づくとチョットしたうつ状態になるやつだ。これがこうじると破談になる。あれと似た、いわば「旅ブルー」というべきか、そういうことがいっとき起きる。

「ワタシって旅行なんかホントは好きじゃなくて、地図見たり、詳細にルートを洗いだしたり、日程表を細かくつくったりすることが好きなだけなんじゃないの」

なんてことすら思ってしまう。

そういう状態に陥ると、Yに電話する。

「あのさぁ、いつもこの時期さぁ、何しに行くのかなぁって思う。思わない？」

「思うよ。毎回思う」と、Y。

「で、何しに行くの？」と、私。

「ワカラン」

Yに根源的質問をするのが間違いというものだ。

「あのさぁ、今まで私と行った旅行でさぁ、お金のことも含めて後悔したことあるウ?」

「ゼ〜ンゼン! あなたは」

「ぜんぜん。何がいいのかわかんないし、何かと大変だったけど、行ってよかったって思ってるよ」

「じゃ、いいジャン。サンティアゴ行きたいモン」

「だよね。行きたいから行くんだよね」

「モチロン!」とY。

山があるから登る。サンティアゴがあるから行く。男がいるからだまされてもまた愛する。

あ〜ぁ、世の中わからないことばっかり。


秋の気配が濃くなるころ、旅行に関わるすべての作業を終えた。完ぺき!

すると、今回も旅ブルーに襲われる。キャンセルしたいとまでは思わないが、しばらく、旅行のことは忘れたくなる。

ところがそのころ、Yに重大なアクシデントが起こりつつあるのを知らなかった。

第二章　サンティアゴ巡礼路を行く

出発日　２０１７年3月23日（木）　今日の所要時間19時間10分

ホントに行くんだね

関空のホテルで前泊

昨夜（22日）は、りんくうタウンの某ホテルに前泊。ＪＲ新大阪駅経由で、夜９時半過ぎにＪＲりんくうタウン駅到着。

夜のりんくうタウン駅は人気がなく物寂しい。いつもは関空隣接のホテルをとる。食事にも買い物にも困りはしない。関空は周囲が海の人工島だから、夜は真っ暗になる。ホテルの窓にはただ暗闇が広がる。海の孤島の趣がヒシヒシとする。それがいやで、りんくうタウン駅に直結するホテルをとった。

閑散とした駅を一歩出ると、駅とホテルの連絡橋の上は、どこから出てきたのと思うほど、人々が行きかっている。そうか、ツアーバスの客か。

連絡橋を渡り切ってホテルに入ると、おぉ、別世界。某国の観光客と思しき人々でごった返すロビー。人ごみをかきわけたどり着いたフロントで、宿泊の手続きをする。翌朝の空港シャトルバスの予約は、夕食の後ですることにして、まずは部屋へ。キャリーから宿泊と明朝の身支度に必要なものを取り出してから、メールを二件。一つは息子へ。もう一つは、我『旅友』のYへだ。

彼女は来ない。今回はひとり旅なのだ。

ひとりで行くなんて

前年の秋に一度腰を痛めていたY。年明けの元旦に起きようとしたら腰に激痛が走り、そのまま動けなくなってしまった。年明けのメールで知った重症のぎっくり腰だった。それから一か月。2月も来ようというころ、ようやく治療に通えるようになった。

出発まで二か月かぁ。もしかしたら無理かもしれない。

何よりもYが弱気になっていた。Yの好奇心の赴く範囲は、そう広くはない。興味を抱くことがらは、いくつかの分野に限られている。けれど、いったん対象を捉えたら、実行せずにはいられない。意志の問題というより、むくむくと湧きあがる好奇心を満足させずにはいられないのだ。そういうときのYは、アリ地獄に落ちたアリだって救い出してしまいそうな勢いがある。アリ地獄に興味があればですが……。

「行くって言ったら、絶対行くからね！」という言葉を待った。1月のあいだはついに聞くことがかなわなかった。電話やメールを通して聞こえる彼女の声は、信じるに足るものを失った人のものだった。こんな彼女は初めてだった。覚悟を決めた。行くのをやめるか、ひとりで行くかだ。二人でという選択肢はないという覚悟だった。それでもYと話し合って、ギリギリまで決断を留保することにした。

航空券等のキャンセル手続きに必要な時間を考え、出発一週間前までに結論を出すことに決めた。そう決めても、Yの声のどこからも希望はうかがえなかった。腰の状態については、私に言えないことがいくつかあったに違いない。

3月に入ってじきにYから電話があった。結論を出す最終リミットと決めた、出発一週間前より半月も早い。最初の「もしもし」ですべてを察した。行かないという選択を告げる電話だった。良くなりだしたら、パタパタと回復が進む内科的疾患と違うのがぎっくり腰だ。長時間のフライト。一日数時間のドライブ。気力で乗り切るという類いのものではない。

Yの口調は複雑だった。

「すっごく行きたいの。この腰の状態では不安なんだよね。あなたに迷惑をかけるという以上に、自分が楽しめない」

というようなフレーズを、Yは何度ももどかしそうに繰り返した。

最後にようやくYは言った。

「あなたひとりでも行ってほしい」

まったくの嘘ではないだろう。しかし、正しくはこう言いたかったに違いない。

「私の腰が回復するまで待ってほしい。そして一緒に行こう」と。

そう言いたくても言えない立場に自分はいるのだという、ギリギリのYの想いがにじむ電話だった。


「行動はともにすること」

Yの電話を聞きながら、私の脳裏に繰り返しこの言葉が浮かんだ。旅をともにする絶対条件の一つとして、Yにこれを認めさせたのは私だ。

Yと旅をするようになる前のこと。一緒に旅した同年の女性がいた。旅慣れた人で、少し時間があると事前の相談もなしに、「わたしここへ行ってくる」。そう言って、ふいと一人で出かけて行く。同行の私に許可を求めるでなく、一緒に行くかとたずねるでもなく、そもそもいい大人が、常に行動をともにするなんてナンセンス。あなたはあなたで行きたいところへ行けばいいと言わんばかりなのだ。それを合理的と思う、そういう人だった。

その彼女と旅行中、幾度かそういうことがあった。一度は、移動する日の朝だった。電車の時間は何時だっけと聞くので伝えると、時間があるからチョット行ってくると言って、朝食もとらずにホテルを出て行った。で、待てど暮らせど戻らず。私はその間チェックアウトの手続きをすませ、二人分の荷物を管理しながら、動くに動けず、ホテルのロビーでひたすら彼女を待ち続けた。

「駅で待ってもしょうがないじゃない。大丈夫よ」

予約していた電車の時刻が迫るころ、ようやく帰ってきて、彼女はそう言った。駅で待つのがなぜ「しょうがない」のか、こちらには理解できなかったが、確かに大丈夫だった。駅へ行く道も、駅構内も走りに走って大丈夫だった。

という話とともに、こういうストレスはうけたくない。だから旅行中の行動は常に一緒にしてほしいと頼んだのだ。

そのとき、Yはこう言った。

「それって、すっごく寂しい」

Yの「寂しい」のひとことを聞いたとき、彼女こそともに旅をする人かもしれないと思ったのだった。以来、その期待は裏切られることなく、Yは信頼に足る旅友になった。

今回のことは、旅行中のことではない。旅行をするかしないかの選択だ。まだ出発前なのだから、二人の間の約束を反故にすることには当たらない。しかし、ともにサンティアゴへ行くと決めたときから、すでに旅は始まっている。そう考えると、ひとりで行くことは明らかな裏切り行為だ。まして、Yに落ち度はないのだ。

迷った。この旅行はすごく行きたかった。パリやローマの観光旅行でも旅行会社のツアーでもない。未知の土地を行く１０００キロに近い車の旅だ。一年をかけ、楽しみながらも、無理なく、安全なルートの模索を続けた。試行錯誤を重ね、涙をのんで訪れる場所を減らす。宿泊地を変更する。そうやって「サンティアゴ巡礼路を行く」という当初の旅の目的を損なわず、体力的な負担を最小限に抑えるルートをつくりあげた。

Yが決断の電話をくれた3月の初めは、プラン作りから始まる一連の流れで言えば、いわば滑走路上の飛行機に等しかった。揚力が生まれるのに十分な加速がついた離陸寸前の飛行機。そういうところにいた。それでも迷った。自分で作ったルートなればこそ、その大変さもわかっていた。プランの上でさえ助手席のYのナビをたのみ、ときとして彼女の判断を仰ぐことを思ってつくったルートだ。Yの体力のことも考えた。ホテルはYの希望を優先してバスタブのある部屋をと、プランを練り上げるあいだ、彼女は常にそこにいた。

すべてふたりで行くことを想定してできあがった旅。いざひとりで行くことの決断を迫られると、不安が先に立つ。ずっと移動し続けるおよそ１０００キロの車の旅。気持ちを切らさずひとりで乗り切れるだろうか。不安はつのるばかりだ。さらにそのあとのパリ三泊四日。およそ二週間をひとりで行く、孤独な時間が重くのしかかる。Yと電話で話しているあいだですら、考えると胸がチクチクと痛んだ。

結局こちらの結論は出せず、「よく考えてみる」と言って、Yからの電話を切った。

それからはずっと「ひとり旅」と「旅をあきらめる」との間を行ったり来たりしたが、あまり日を置かず、彼女に結論を伝える電話した。

「ひとりで行く」それが結論だった。「行く」と「行かない」の間をウロウロしているあいだに、気がついたことがあった。行くなら、もはやひとりで行くしかない旅。その正当なモチベーションを探している自分に気がつく。

100％私がつくった旅だから。今年がダメなら、いつ行けるの。その時まで、この旅へのモチベーションを維持し続けられるのか。今聞いた人の名前だって憶えていられない。旅の全容をもう一度頭に入れなおすなんてハードワークが、その時になって可能だろうか。だから今行かないと……と。

そういう時間の中で、「車でひとり旅」の重圧に押されながらも、心の底にこの未知の体験をしてみたいという欲求があるのに気づく。

「冒険をしたいんだ！」

何か絡まっていた糸がすっきりほどけた気がした。もとより旅は幾ばくか冒険の要素を含むし、するならあえてそういう旅を選ぶ。今回は特にその要素が強かった。七十を目前に控えた老女には、小さくはない冒険だ。

Ｙへの電話は、その冒険に旅立たせてほしいと頼む電話だった。

電話で結論を告げると、一瞬の間があった。その言葉にならないＹの言葉を遮るように、結論に至る経緯をいっきに説明した。

「あなたが決めたことだから、私は何も言えないけど……」

Ｙの言葉をひとことも聞きのがすまいと、受話器を耳に押し当てる。複雑な胸中を物語るかのごとく、Ｙは少し声を震わせながら話しはじめた。やがて、自分が言うべき言葉にようやくたどり着いたかのようにＹは言った。

「わたしの分も楽しんできてね」


結局、所持品の準備も、Ｙの航空券のキャンセル手続きもしないまま時間が流れ、出発まであと十日余りという段になって、ハッと我に返った。急いでＹの航空券のキャンセル手続きをし、ホテルのいくつかをシングルルームに変更した。

それから、携帯品リストと照らし合わせながら、所持品を準備する作業にとりかかる。携帯品のすべてがひと目で確認できるように、床の上に順に並べていく。すべて準備し終わったのは、出発の三日前。カメラとiPadを除いて、所持品のすべてを機内持ち込みサイズのキャリーにパッキングし終えたのは3月21日、出発前夜だった。

旅行の支度に追われているときは、旅行にいくという実感はまるでわかないものだ。そうやって追い立てられるような時間を過ごすなかで、「ひとりで行くんだ」という事実が、不意に突きあげるようにわいてくる。そのたびに胸がチクチクと痛んだ。飛行機の中で、ホテルで、車で、長い孤独な時間を過ごすと思うと、さらに胸が痛んだ。

いつもは携えて行く本に代えて、今回はiPadに何篇かミステリーをダウンロードしてあった。ひとりで行くことが決まってから、さらに映画を何篇かダウンロードした。それに加えて家を出る3月22日の朝、ドライブ中に聴くジャズを数十曲、手当たり次第にiPadにダウンロードした。これで、ひとり旅のお供ができた。音は悪いがないよりましだ。iPadのボリュームをいっぱいに上げてスペインの田舎道を走ろう。そう思うとひとり旅の不安と孤独が、少しずつ期待へと変わっていった。いや、変えていった。

息子とYへのメールを終え、りんくうタウンのホテルの窓からカーテン越しに、夜も深まりつつある街並みを見つめる。思ったより寂しい光景だった。

日本出発の朝

昨夜セットしたモーニングコールのお世話になるまでもなく、前泊のりんくうタウンのホテルで目覚める。まだ早い。モーニングコールが鳴るまでしばし寝たふりをすることに。

小一時間まどろんでから、カーテンを開ける。曇天の空が目に入る。お湯を沸かし熱々のお茶を入れる。半分ほどを時間をかけゆっくり飲んだ。ゆったり時間をかけてお茶を飲むのは毎朝の習慣だ。朝の儀式は終了した。

「さぁ、活動開始！」

気合を入れ、まずはバスタブに熱いお湯を張る。旅行中、入浴は朝にする。体は思いのほか軽い。この分なら、パリまでの長いフライトも、何とか乗り切れそうだ。飛行機の出発時刻のおよそ三時間前に、ホテルを出発するシャトルバスを予約してある。身支度の時間は十分にあった。

朝食はホテルでとらないことにした。早めに空港へ行き出国手続きをすませ、出国ロビーのどこかでゆっくり珈琲でも飲む心づもりだった。この十日ほどを旅の準備に集中させ、いっきに駆け抜けたから、前泊のホテルに着いてもなお、その心拍数がいまだ下がりきっていないような気分だった。一杯の珈琲とともに、心身をクールダウンする時間が欲しかった。それまでの日々に区切りをつけずに、旅行という特別な時間に踏み込んではいけない気がしたのだ。

出国手続きを終え国際線の出発ロビーに入ると、いつも心がふっと軽くなる。そこは日本であって日本ではない。これから向かうフランスでもない。トム・ハンクス主演のそういう映画があった。入国も出国もできない事情があって、空港に住まざるを得なくなった男の話だ。シャルル・ド・ゴール空港に十六年だか住んだ男の実話にヒントを得た映画らしい。最近では、何とかスノーデンという某国の諜報活動員が、亡命を目論み出国後、自国のパスポートを無効にされ、しばらくロシアだったかの空港に足止めされ話題になった。

入国と出国の間の緩衝地帯とでもいおうか、不思議な空間が国際線のターミナルにはある。ここでパスポートをなくすと、そもそもなくす人がいるとも思えませんが、とりあえずなくしたら、私だって外務省に身分を保証してもらって、パスポートを再発行してもらうまでは、原則としてターミナルから一歩も出ることはできない。

パスポートをなくしたうえに、日本人としての私の記録を、誰かが悪意をもって跡形もなく抹消したなら……なんて映画もどきのことを考えると、チョットぞっとする空間ではある。

しかし、パスポートってホントに厄介。外国では唯一の身分を証明するものだ。何はなくともパスポートなのだ。旅行中、ずっとその所在が気になる。

空港には予定通り、出発の二時間半ほど前に着いた。

関空第一ターミナル４Ｆからチェックイン。セキュリティ チェックを経て、入国審査場に向かう。いずれも比較的すいていてホッとする。

結局、珈琲は飲まずじまい。カフェが混みあっていたからだ。どこかざわついた気持ちを抱えたまま、出発ゲートの待合に腰を下す。エールフランスＡＦ２９１便の出発ロビーは、すでに半分ほどの人で埋まっていた。Ｙと息子に、出発ゲートにいることと、予定通り出発する旨のメールを送る。

「くれぐれも気を付けて。行ってらっしゃい」の返信が入る。二人に毎日報告メールを入れる約束をし、「いってきます」で結んだ。

息子は私の住まいから車で20分の距離に、自分の家族とともに四人で暮らしている。こんな母親をどう思っているのか、聞いたことはないし、あんまり聞きたいとも思わない。

いつものＹとふたり、スペインに行くことは伝えてあった。しかし、それが９３０キロほどとはいえ、ひとりで車を走らせる旅になったとは、さすがに言い出せなかった。行くと自分の心を決め、出発の準備を始めたところに、タイミングよくやって来た息子に、ようやく手短に話した。

息子との関係は、お互いほぼ完全に自立した関係と言っていいと思う。息子への頼みごとは、ひとりでは無理な力仕事と、電子機器の扱いを教えてもらうことくらいだ。力仕事は息子の、手助けが必要かどうかの判断で決まる。

「ひとりでできるでしょう？」

頼みごとはときどき却下される。息子が子供のころ、彼を自立させようと、ことあるごとに私が言ったセリフを、そっくりそのまま返してくる。思わず苦笑するが、そうやって老母の自立を促す。

息子家族とはたまに食事をともにし、近況を報告しあうくらいなもので、それ以上の息子家族の、日常の暮らしぶりを知るすべはほとんどない。息子も思っているだろう。元気で留守がいいと。だから、こっそり出かけて、こっそり帰ることもできる。しかし、何かあれば多大な迷惑をかけるのは息子夫婦だ。やっぱり、そういう信頼を欠く行為はできない。

車のひとり旅と聞いて、息子は動物園のオランウータンみたいに、ニッと笑っただけだった。チョット気持ち悪かった。入念な準備をしたから大丈夫であること。日程表をパソコンに送るから、見てもらえばこの旅のすべてがわかるし、どれだけ下準備をしたかもわかると思うと付け加えた。

「いいでしょう？　行っても」

「いいよ」

いまさらいいでしょうもないもんだが、息子はひと言そう言っただけだった。

「必ず無事に帰ってくるから。心配しないでいいから」

むしろ自分に言い聞かせるように、何度も何度もそう繰り返した。息子はそんな私を何だか珍しいものを見るような目つきで見ていた。

出発ロビーでiPadを取り出し、ミステリーを読んでしばし時間を過ごすことにした。が、あまり集中できない。iPadから目をあげ、空港の建物特有の床から高い天井まで解放された、巨大なガラス窓を通して外の風景を見つめる。

「ほんとに旅行に行くのかなぁ」

搭乗ゲートに来てまでも、旅行に出るという実感がまるでわかない。予定の行動に従ってここに来たまで。そんな感じだった。窓の外にはエールフランスのロゴのついた機体が見える。大小の車に囲まれ、「小人」の国では何の役にも立たないガリバーみたいに、巨体をあずけて出発の準備をしてもらっている。

間近で見ると、よくこんなものが空を飛ぶもんだといつも思う。落ちないほうが奇跡に思えてしまう。窓に寄って幾枚かその写真を撮る。いつもの出発前の習慣だ。画像を確認し、カメラをケースにしまうと、ふいに旅に出る喜びがわき上がる。思わず右手のこぶしを握りしめ「よしっ！　行ってくるぞ！」とひとり気合を入れた。

搭乗開始の時刻が迫る。Yも今朝からずっと関空に自分の心を置き、午前中の家事をこなしながら、刻々と出発までの時間を追いかけているに違いない。

「行ってくるわ。Yちゃん」

心でそうつぶやくと、傷心の旅に出る女みたいに涙がにじむ。まったく涙もろくなって困る。周囲に悟られると、傷心旅行はともかく、なんか訳ありの旅行に思われちゃう。いい歳こいて恥ずかしい。あわててティッシュで鼻をかむ。後でYに聞いたら、その朝はなんか用事ができて、あたふたしていたらしい。まぁ、そういうものである。

やがて搭乗開始を告げるアナウンスが流れ、機上の人となった。

着いたぞ！　スペイン！

ヨーロッパ最大級の世界最小？

シャルル・ド・ゴールには約十分ほど遅れて到着。

Yの席にはキャンセル待ちで買ったのだろう、日本人の学生風若い男が座り、昼食のビーフシチューをペロリと平らげると、もう腹立たしいくらい、ひたすら眠っていた。時おりこっちにもたれかかってくるので、ここぞと狙いをつけてはずす。彼はハッと一瞬目覚め、もとの態勢に戻る。へへエー、長谷川町子の『いじわるばあさん』の気分だ。爽快である。

さてさてシャルル・ド・ゴール。言わずと知れた世界の都パリの国際空港。パリが世界の都だなんて、異論のある方、なんの根拠もありませんので。ビルバオ行きのトランジットの待ち時間はおよそ四時間。

関空からのＡＦ２９１便に接続可能なビルバオ行きは、この日二便あった。ド・ゴール空港到着から一時間半後の出発便と、この20時35分発の便だ。ただでさえ、世界の都パリを背負った空港だ。ド・ゴールの入国審査は混む、それがこちらの認識だった。それにド・ゴール空港はいわば、たこ足空港でもある。後からいくつかターミナルを継ぎ足してある。不慣れな私などには、広くて複雑な空港にうつる。空港内の移動だけでもスムースに行ける自信がなかった。

トランジットは二時間が常識ですと、最初に個人旅行をしたとき、旅行会社のお兄さんに教えられた。以来、それを基本に置いている。シャルル・ド・ゴール到着一時間半後の乗継便なんて、果たして間に合うのか見当すらつかなかった。だから、ビルバオへのトランジット便は、四時間近い待ち時間のフライトを選んだ。ところが、入国審査は空いているなんてもんじゃなかった。

ド・ゴール空港。日本からの到着ターミナル２Ｅから、ビルバオ行きの便が出るターミナル２Ｇへ移動する。［トランジット２Ｇ］の案内板を追いかけて歩き、空港内のシャトル電車の駅に出る。運転席のない箱だけが動く不思議な電車に乗り、ターミナル２Ｇの表示を確認して降りる。プラットホームの先の階段を下りたら小さなロビーに出た。見ればその先はもう空港ビルの外！　マイクロバスが一台、建物の開けっぱなしのガラス扉の向こうに、やはりドアを開けた状態で止まっている。

そのガラス扉の横に、男性がひとり机に座っていた。「?・?」と思っている私の後から、三十代のビジネスマン風の男がツカツカと彼に歩み寄る。コートの内ポケットから航空券らしきものを取りだし、慣れたて手つきで机の男に見せ、スタスタとマイクロバスへと向かう。私も真似ることに。

入国審査に備えて、ずっと手にしていた、ビルバオ行きの航空券を挟んだパスポートをそれごと見せると、パスポートを迷惑そうに押し返し、チケットを確認すると、ニコリともせず顎でマイクロバスに乗れと指示する。早く消えろと言わんばかりだ。毎日膨大な数の外国人が訪れるこの著名な国際空港。そのわけのわからない外国人に、彼はもうウンザリしているに違いない。

結局マイクロバスはその三十代ビジネスマン風男性と私のふたり。彼はどうやら一、二杯アルコールが入っているらしく、赤くなった顔の筋肉をみんな弛緩させて、何だか楽しそうにアタッシエケースを開いて中身をチェックしている。そんなに嬉しそうに見るべきアタッシエケースの中身って何よ。すごく気になった。

バスはしばらく走った。行ったことのない場所は長く感じるものだが、数分だったかもしれない。やがて、前方に小さな白い長方形の、二階建てのビルが見えてきた。バスはそのビルの横を素通りし、その端にちょこんとくっついた、もっと小さな建物に向かって行く。

プレハブの倉庫にしか見えないその建物は、正面に開口部があり、粗末なガラスの扉がついている。同乗のビジネスマン風男性は、マイクロバスのドアが開くが早いか小走りにその建物に消えて行った。私もガラガラとキャリーを引いて後に従う。

ガラス扉を開けると、すぐ目の前の階段が目に入る。その横に少し背の高い机があり、濃い紺色だかの、ものものしい制服の女性がひとり座っているのに気がついた。制服？しばし呆然とする。ド・ゴール到着以来、ずっと手に持っていたパスポートと航空券。

「あなたの手のそれ見せてちょうだい」

彼女が目でそう促している。半信半疑で近づき、彼女の制服を見た時からの疑問を口にする。

「こは入国審査なりや」と英語で。

「いかにも」笑いながら彼女。

「こはシャルル・ド・ゴール国際空港であるか。パリの」さらに私。

キャリア十分とも思える、いかめしい制服姿の彼女が、声をたてて笑う。入国審査はこの会話より短かった。

ここがシャルル・ド・ゴール国際空港だなんて！　審査官がひとりだなんて！　イミグレーションの乗客が私ひとりだなんて！

あれがスペインの灯！

入国審査がアッという間にすむと、目の前の階段を上がるほか進む道はない。階段の上のやたら重い金属のドアを、片手にキャリーを持ったまま、よろめきながらもう一方の手で開ける。そこに、少し上り坂の長い長い連絡通路が、窓のついたトンネルみたいにあった。ひとっ子ひとりいないその通路を行くと、やがて出発ロビーに出た。

20時35分の出発便まで、まだ三時間も……。

出発エリアまで来るともう外部には出られない。やれやれ、三時間かぁ。途方に暮れる。ビルバオ便はエールフランス便だが、実際はＨＯＰという名前で運航されている。チケットはキャンセルも変更もできない。一つ早い便にはまだ間に合うが、乗るなら新たに買いなおすしかない。

こんなときYならなんて言うかな、とふと思う。

「待とう」って言うだろうな。超合理主義なのに、こういう土壇場の変更を嫌う。

待つことに決めた。

ド・ゴールの入国審査が私ひとりの秒単位で終わるなんて、想定のはるか彼方の「外」であった。待つと決めたとはいえ、ため息が出た。

この出発ロビー、入口に近いほうに航空会社のデスクがあり、それとL字をなすように

ターミナル２G出発ロビーからHOP! の機体

小規模の免税店がある。長方形のロビーのほぼ中央に、円いカウンターがありカフェになっている。大きな電光掲示板もある。その電光掲示板がよく見える位置に陣取り、しばらくiPadのミステリーに集中する。一つ早いビルバオ行きが離陸すると、出発ロビーは急に静まり返った。ぽつんとひとり取り残される。なんだか飛行機に乗り遅れた乗客みたいで、恥ずかしかった。

外が夕やみに包まれると、徐々に夜の便の乗客が集まりだす。前面の大きなガラス窓いっぱいに免税店の赤い灯が映り込み、無機質な空間だったロビーが華やぐ。その窓の赤い灯に、ロビーを行き交う人々のシルエットが重なり、日本から遠く離れた異国の地にいるのだという旅情を刺激する。外は霧雨が降っているようだった。

電光掲示板にいくつかの出発便が表示されはじめる。ようやく空港らしくなる。搭乗予定の便名も表示され、やがて「on board」の表示が出る。待ちに待った搭乗開始！　関空で乗継便までチェックインしてくれたので、そのまま搭乗ゲートに向かう。

機内は満席。あいているのはYの席だけのようだった。

水平飛行に入ると、軽食のオーダーを取りに来る。冷たいオレンジジュースとサンドイッチ。関空を出発してから何度目の機内食だろうか。冷たい食事をノルマのように黙々と胃に流し込む。眼下は真っ暗。フランスからおそらく大西洋上に出たのだろう。機体が時おりガクンガクンと揺れる。ド・ゴールでは夕刻から天気が崩れ出したから、雲があるのかもしれない。食事の後はひたすら目を閉じ着陸を待った。

着陸態勢に入ると機体がまた揺れ出す。目をあけると、前方眼下に町の灯が小さく見える。

「あれがスペインの灯だ！」

夜間飛行で目的地のあかりが見えてくると、条件反射的にでてくるフレーズだ。「翼よ」とまで言わないが、日本を発って二十時間余。ド・ゴールからはわずか一時間半の飛行なれど、眼下のあかりは、なんかずっと会いたくて、ずっと会えなくて、やっと会えた、いとしい人みたいなのだ。カメラを構える。これは絶対ブレるんだけど、撮らずにいられない光景だ。

ビルバオ郊外の小さな町なのか、数十個のあかりがだんだん近づいてくる。オレンジ色の点々は街路灯の縦列だ。その縦列が町の形を浮かびあがらせる。空港は丘陵地帯の小高いところを整地してつくられたのか、周囲の黒々とした大きな山影が、暗闇を切ってわずかに見える。小さな点だった灯りが家々の窓の灯りに変わり、オレンジ灯の間を行く車が見え、そして町の灯もオレンジの灯りも、かき消すように視界から消えた。ランディングだ。

「着いたぞ〜！　スペイン!!」

Yがいたら絶対ハイタッチだな。

スペイン最初の夜

22時10分の到着予定時刻より若干遅れ気味に着く。乗客は二台のバスに分乗し、到着ロビーまで運ばれた。フランスとスペインは国境通過のルールを定めた、シェンゲン協定加盟国同士だから、最初に降りた加盟国、フランスで入国検査が行われ、乗り継いだ国、スペインでは基本行われない。

ビルバオ空港は小規模ながら、こぎれいな空港だった。バスを降り、到着ロビーを突っ切るとすぐ表に出た。タクシーがずらっと並び、その向こうには時間が時間だけに、お迎えと思しきさまざまな車種の乗用車が列をなしている。乗客たちは次から次へとそれらにおさまり、バタンバタンとドアの閉まる音がひとしきり響いたあと、夏の夕刻のセミの声みたいに、耳がジンとする静寂が不意に訪れた。ホテルのシャトルバスがあるはずなのだが、緑色とメールで言われたバスはどこにも見当たらない。この便がおそらく今日の最終便だろう。タクシーがあるうちに乗ってしまわないと、ひとり空港に取り残される。ホテルはホリデイ・イン・エクスプレス。直線距離なら空港から歩けそうな場所にあるが、歩くわけにもいかない。

運転手に料金を尋ねると「10ユーロ」と。まぁ、そんなものか。

海外の旅行で嫌なものを三つ挙げろと言われたら、他の二つはともかく、夜遅く着いた空港からのタクシーが一番にくる。日本でだってあんまり楽しくないが、外国は言葉の問題があるし、地理にも明るくない。タクシーの料金システムもよくわからない。空港周辺はたいてい真っ暗だ。言われるがまま、されるがままだ。つまり、料金や走る道は向こうの意のままということです。

料金を告げると運転手はずっと無言のまま、空港外の暗闇にスピードを上げて突っ込んでいく。見ればメーターが上がっていない。もう……お願いします。タクシーは道を登ったり下ったり、グルッと回ったり。ついにホリデイ・インのネオンサインが見えたときには、もう心底ホッとした。

料金は10ユーロだった。


着いたホテルは、果たして泊り客がいるのかと思うほど静まり返っていた。ホテル入口のガラスドア越しに、フロントとその横のバーが目に入る。壁の棚に並ぶ酒類の瓶とグラス類から、かろうじてバーとわかるバー。ロビー天井の蛍光灯が、バーとフロントを奥行のない空間に変えている。バーのカウンターには中年の男がふたりいる。ガラスのドアを開けて中に入ると気配を察してか、ふたり同時にこちらを振り向く。年配のしかも東洋人の女が、夜の10時半をまわろうかという時間にひとりでやってくる。彼らの視線がそのまま止まった。

フロントとバーは、学生アルバイトのような若い女の子ふたりが管理していた。そのうちのひとりがバーカウンターから移動してくる。

「こんばんは」と彼女がニッコリ。夜遅くのチェックインを迷惑がる様子もなく、好奇心にあふれる生き生きとした目で応対してくれる。ホテルのフロント係には笑い顔の魅力的な人を雇うべきだ。寒い日の温かいスープみたいに、旅人の滋養になる。

「ねぇ。なんか食べ物とビールは買えるかな」などと気軽に聞いてしまう。

ホリデイ・イン・エクスプレスは完全なビジネスホテルだ。朝食用のスペースはあるがレストランはない。彼女がフロント横の壁を指さし、そこのオートベンダーで買えると教えてくれる。とりあえず、部屋に荷物を置いてからだ。朝食の時間を聞いて、彼女から部屋のキーを受け取る。

エレベーターを降り、さらにしんと静まり返った客室の廊下を行く。宿泊客はいるのかなぁ、とまた疑問がわく。部屋のドアを開け、必要最小限のライトにする。部屋は深い青を基調にしたインテリア。ギョッとするも、ギリギリの品格を保っている。20時間余り、ずっと人の群れの中にいたから、深い青の中のひとりが妙に休まる。手入れは行き届いている。

眠れそうだ。

備え付けのラゲッジスタンドに、これが残された最後の力のごとくに、あえぎながらキャリーを乗せる。その場でたまらず、靴を脱ぐ。靴下も脱ぎ放つ。絨毯の床が素足に心地いい。靴も靴下も脱ぐと、足がひどく疲れているのがわかる。もう力が残っていない、いや緊張の糸が切れた。這うようにベッドに上がり、大の字に全身を投げ出す。頭の芯がグルグル回っている。そのまましばし呼吸を整える。

熱いシャワーを浴びたい。ベッドから身をはがすように起き上がり、温度を確かめに行く。熱いお湯は出そうだ。ついでに素足に熱いお湯をかける。なんだかホッとする。

「よし、ビールだ」

足がもう嫌だと言っているのを、むりやり再び靴に押し込み、ビールを買いにロビーへ降りる。

オートベンダー、つまり自販機は思っていたより大型だった。パスタやピザ風食べ物からデニッシュ類、ちょっとしたおつまみやお菓子、それに飲み物が何種類かある。

食べ物は基本冷たい。日本の自販機もコンビニもほんとに至れり尽くせりだな、と目の前のただ売るだけの自販機を見て再認識する。苦いだけなんてばかにしていた、コンビニのアツアツ珈琲が恋しい。が、自販機を見て一瞬ひるむ。実は機械類にはあまり強くない。意味もなくパニクる。こういうことはいつもＹ頼みだった。手際よくクリアしてしまう。

「使い方は書いてある、簡単よ」と、とフロントの彼女が言った通り、小さな英語のシールが張ってある。書いてあるままに指示されたおカネを入れると、出た！　水と小瓶に入ったビールを一本と、若干の食べ物を買う。水もビールも、食べ物と同じ温度で出てくる。

部屋に戻り、そこそこ広いシャワールームで熱いお湯を浴び続けた。

シャワー後、備え付けの栓抜きでビールを開け、ガラスコップに移す。泡はあっという間に消えてしまう。スペインに乾杯しよう。泡の消えた生ぬるいビールを片手に、窓のカーテンを開ける。灯り一つ見えない暗闇が窓外に広がっていた。窓は電源の切れたテレビのように、見慣れぬ室内の灯りと疲れがにじむ東洋人の女を映している。

二十数時間の移動の末に、ユーラシア大陸の西の果てにたどり着いた。暗闇のはるか彼方、日本までの一万キロの距離を思う。日本を指す極東、ファーイーストという言葉が、「先進国」ヨーロッパの視点で生まれたのだという事実が、初めて生々しい実感をともなう。

窓の暗闇に向かって右手のビールを高くかかげた。乾杯の代わりに口をついて出た言葉は「ありがとう」だった。誰に言うともなく「ありがとう」が何度も何度も……口をついて出た。

それがスペイン最初の夜になった。

第三章　未知の土地を走る緊張の日々

一日目　3月24日（金）　今日の走行距離137・0km　所要時間2時間13分

ビルバオ空港から

ホリデイ・イン・エクスプレス・ビルバオの朝　時差ボケなし

スペイン初日の昨夜は、祝杯の後、生ぬるいビールをもう少し注ぎ足し、残りは捨てた。日本で処方してもらった睡眠導入剤を飲むからだ。

西ヨーロッパの国々は、日本と九時間から八時間の時差がある。ちなみにスペインは八時間。３月末からのサマータイム中は、七時間の時差ということになる。

日本からの直行便はお昼前後のフライトが多い。ここで睡眠時間をうまく調整しないと、着いた日は悶々と寝返りばかりを打って夜を過ごす。さらに、着いて数日ひどい時差ボケに悩まされる。午後になると、耐え難い睡魔に襲われ、もう早く夕食を食べて寝たいと、それればかり考える。時差ボケは眠いばかりでなく、判断能力が極端に低下する。知人のツアーガイドの話だが、お金を払わず、売り物のペットボトルを勝手に開けて飲んじゃう人もいるそうだ。

そういうことだから、車で旅行をするようになってから、借り出しは早くても三日目からということにしていた。今回は日程の都合で着いた翌日から運転することになった。時差ボケは絶対に回避しなければならない。まして、ひとり。前夜は強制的にシャットダウンすることにしたのだ。

ホリデイ・イン・エクスプレス。部屋は悪くない。スコットランドでも泊ったことがあるが、朝食は選びようがなくて困惑したのを覚えている。しかし、ビルバオのホリデイ・インの朝食は、その上をいく簡素さだ。熱い珈琲もない。まぁ、個人旅行では、食べられるときに食べられるものを食べるべしだ。贅沢は言えない。とはいえ、長時間の移動の果てに、モソモソと香らないパンをオレンジジュースで飲み下すのは、かなりつらかった。

ホテルは丘陵地の中にあった。ホテル横の道路沿いに、ベンツのマーク付きの、車両を積む大きなトラックが一台、歩道に乗り上げるようにして何か作業をしている。実は、このホテルの前にゴールドカー（Goldcar）というレンタカーの支店がある。そこの車両を回収に来たのかもしれない。しかし、もう人々が働きだす時間？　始業時間にはまだ早い時間のはず。スペイン人って、もしかして働き者かなぁ。でもいいなぁ。人が働くのを見るのはいいなぁ。日本を発ってからは飛行機の座席と、ホテルの部屋に閉じ込められ、時計の針が動くことでしか覚えることのない時間を過ごした。人々がごく当たり前に働く光景を目の当たりにすると、ストップウオッチのごとくに止まっていた日常が、再び体内で時を刻みはじめる。スペインに来たんだなぁ。熱い珈琲抜きでも、何だか人心地がつく。

◆宿泊ホテル　Holiday Inn Express Bilbao　★★★（三ツ星ホテルという意味）ツイン79€　一泊一部屋
空港至近。寝るだけの宿泊なら悪くない。バスタブなし。

ビルバオ空港　地下レンタカー用駐車場　緊張最大

車の借り出し時間は午前11時。今夜の宿泊地エステーリャは、巡礼路をたどるこの旅の実質的な出発地だ。今日はそこへ車を運ぶだけ。

ホテルの空港シャトルバス用のベンチには、革ジャンのお兄さんと、同年配のご夫婦がいた。シャトルバスの同乗者と思いきや、革ジャンのお兄さんは荷物をそのベンチに置き、自分のバイクを持ってくると、轟音をあとにいずこかへ走り去った。

ビルバオ空港の地下駐車場。ヨーロッパカーのブースはどこかなと思う間もなく、ロゴが目に飛び込んでくる。受付には小学生の子供でもいそうな、黒髪の細身の女性が座っている。今朝もあわただしく家事をこなし、ここに来た。そういう疲れが頬のあたりに影をつくっている。

「グッドモーニング！」声をかけると、意外にも明るい笑顔を返してくれる。

持参した予約表のコピーを見せる。パスポートの提示と予約に使ったクレジットカードを求められる。ナビはオプションだ。付けていない。それを見て彼女が言う。

「ナビ付けなくていいの？」

「いらないの」と私。

「スペインの道はグーグルマップですごく勉強したし、使う道はみんなここに記憶してるから大丈夫」と頭を指さす。

「えー？」と驚きつつ、笑っている。

「ヨーロッパは走ったことあるの？」妥当な質問である。

「うん、えー、これで、えー、えー、五回目」と一回サバを読む。

疑わしそうに笑いながら、さらに彼女が言った。

「どこかでご主人と合流するのか？」まぁ、誰でもそう思うだろう。

「I don't have any husbands」夫はどんなものもいないと、夫を複数形で答える。

「主人は天国だから、無理ね」

さらに、Ｙのことを手短に話す。これは私の冒険なのだと言うと、職業上の悲惨な事故を見聞きした記憶がよみがえるのか、少し怯えを浮かべた黒い瞳をこちらに向け、真顔で心配してくれる。

すべての手続きを終えると、最後に彼女が一枚のカードを渡してくれる。駐車場のゲートを通過する際の駐車券だ。差し込むとバーが開く、日本でもよくあるタイプだ。サンティアゴ空港の返却時も、レンタカーの駐車場に入るとき、これが必要だと彼女が言う。

えっ、サンティアゴ空港は８００キロも離れているけど……ホントに使えるのかなぁ。

横の連携を密にとって、顧客の便宜を図ろうなどという細かい芸当、つまりサービスは、日本人にしかできないと思っていたのだ。問題なく使えた。

意外と、というのは失礼な話だが、スペインはこういうところがよく整っている国だ。

エイビス、ハーツ、大手レンタカーのロゴに混じって、ヨーロッパカーの看板がぶら下がる駐車場スペースまで、彼女が案内してくれる。グレーのワーゲンゴルフが待っていた。

水、飴、今朝食堂でいただいたリンゴとバナナ。iPad、カメラ、行程表、空港から至近の幹線道路までの地図などをショルダーバッグから取り出す。旅行用に新調した、ドライブ用の真新しい白い手袋を、出発前の儀式のように助手席に置く。その他に付箋も。付箋の使い道は後述する。

もう一度空港から幹線道路に出るまでの地図を確認し、白い手袋をピッチリとはめる。

サイドブレーキとシフトレバーがPに入っていることを確認し、キーを差し込む。フットブレーキを踏み込み、一呼吸おいてから、慎重にキーを回す。いつもドキドキする瞬間だ。

一音の乱れもなく、静かにまわるエンジン音。ワーゲンゴルフの運転席で、しばらくその音に耳を澄ます。信頼に足る水先案内人の背中のように、頼もしく響くゴルフのエンジン。ライトのアップ・ダウン、ハザードランプ、エアコン、ひと通りその場で操作してみる。それから、ブレーキを一つずつ解除していく。ワーゲンゴルフはひそやかに滑り出した。ハンドルを握る手が白い手袋の中で汗ばんでいる。

ビルバオ空港の地下駐車場を慎重に周回する。ブレーキ、アクセルの踏み込みはスムースだ。右へも左へもハンドルは軽やかにまわる。ウインカーとワイパーの操作を確かめる。ウインカーとワイパーは日本車とは逆の位置についている。シフトレバーは右手で操作するから、左手でハンドルを握ったままウインカーを操作できるようになっている。理にはかなっている。なんて、偉そうに言うがあわてるといつも間違う。今回は大きめの付箋を用意し、ウインカー側に張りつけた。効果絶大。慣れたと思って外したら、とたんに間違った。

周回中に、地下駐車場からの出口も確認し、これを最後と決めてもう一度周回に入る。ふと見ると、ヨーロッパカーのお姉さんが、ブースの前でこちらを見ている。何回もまわるので、出口を探していると思ったのだろう。目が合うと、苦笑しながら指で何度も出口方向を指さす。心配してくれていた。白い手袋の手をあげニッコリ合図を送る。笑い返してくれる。スペイン人って結構細やかで優しいみたい。

「よし、出発だ！」

彼女の笑顔に後押しされるように出発を決意する。期待と、いや不安で胸がチクチクする。勇気を振り絞り、大きく深呼吸してから、ゆっくり出口に向かった。

ビトリア（Vitoria-Gasteiz）までの道

ビルバオ空港からN-240へ出るまでの道16・1㎞　22分

今回の車の旅行中、最も緊張したのはどこかと問われたら、この地下駐車場から出る直前だったと答えるだろう。

駐車場のゲートにカードを通し、地上に出てからはむしろホッとした。空港アクセス道路の**N-633**にいったん乗り、数百メートル先の最初の出口で**BI-3707**に降りてからは、ビルバオ郊外のホントにローカルな道になった。道路わきの草むらに咲く、白や黄色の小さな早春の草花が、明るい陽光に輝いている。これまで走ったヨーロッパの運転の記憶がよみがえる。出発直前の不安が期待に変わり、イエーッと雄たけびをあげて走る。出勤も通学もとっくに終わっている無人の住宅街をゆっくり走り、**BI-737**に無事進入。あとはしばらく線路を右手に見ながら走るはず。

前を行く車が乗用車からタクシー、最後は路線バスに変わる。その路線バスが少し大きな駅の、駅前広場に右折してからは、郊外の一本道に変わり、パッタリと車がなくなる。徐々にスピードをあげ、100キロを超えたときの車の安定感をためす。ゴルフは気持ちよく走った。ホッとすると同時に、ずっと息を詰めるようにして走って来たことに気づく。口が妙に乾いている。いったん緊張をほどこう。路肩に車を止め車外に出て新鮮な空気を吸う。その間に一、二台、車がビュン、ビュンと通っていく。100キロは出している。

しばらく車外で休息をとったあと、車に戻って、飴を手に取ったがやめた。なんかびっくりした瞬間に、例えば、ウインカーと間違えてワイパーがゴンゴン！ って動いたときとかに、飴をのどに詰めそうな気がしたからだ。スペインで飴をのどに詰めて死んだなんて、人に言えない。飴の代わりに朝食用のバナナを一口かじる。顎の緊張が解ける。再びエンジンを始動する。

実はここでエンジンがかからなかった。空港と同じ手順でキーを回してもかからない。キーが回らない。自分の車でもよくあるのだが、初めての車だとパニクる。いわゆる、ハンドルロックだと思ったが、焦るせいかかからない。すべてをニュートラルな状態に戻し、フットブレーキを思い切り踏み込んでキーを回す。一度キーが引っかかってから、さらに回ってエンジン始動！ 実はそこは少し上り坂だった。フットブレーキの踏み込みがあまかったのかもしれない。安全装置の念の入り具合にため息が出る。

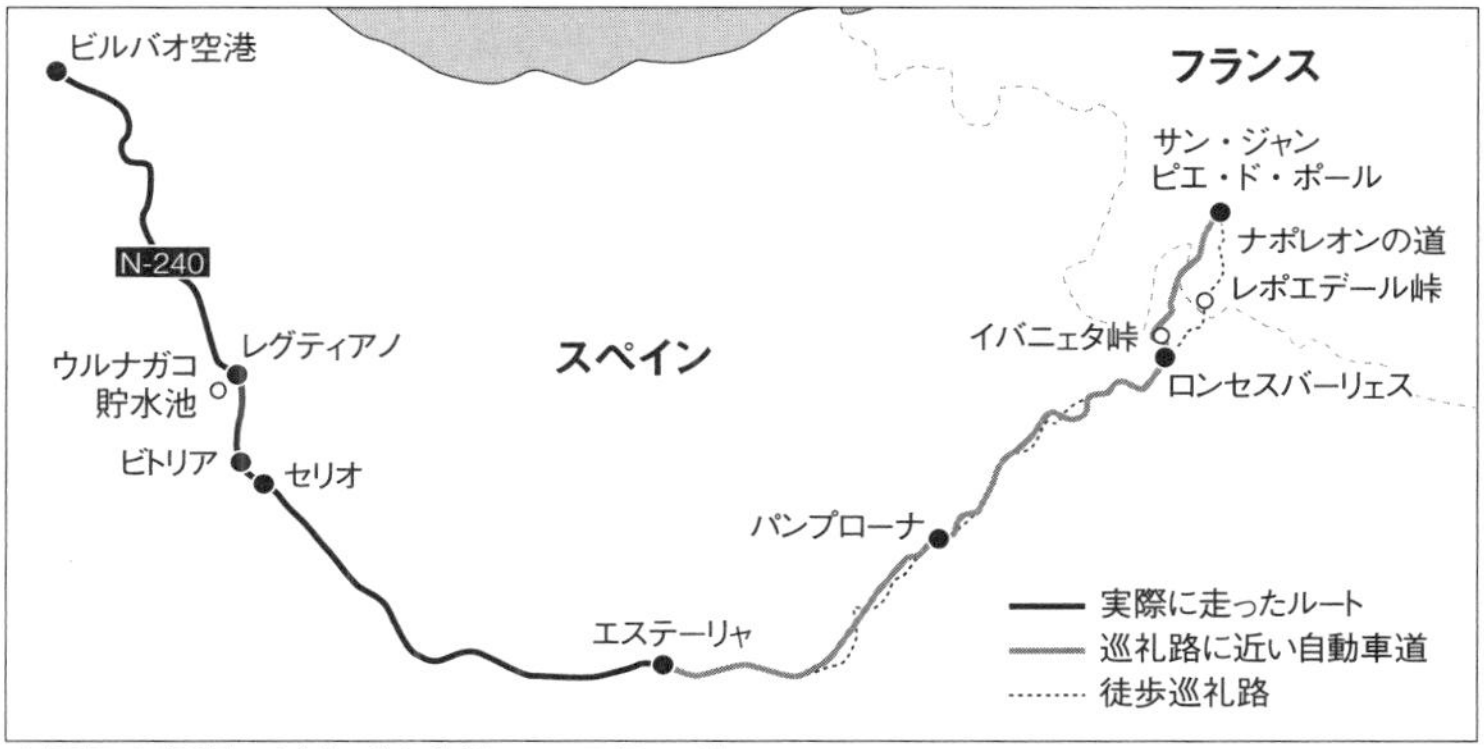

1日目の行程　ビルバオ空港―エステーリャ

「安全装置も時と場合によるだろう！」
ワーゲンゴルフが涙目になりそうな、理不尽な悪態をつきながら発進。おかげで、この先もう一度乗る高速への心配比重（?）が軽くなる。怒りは「小人」の心配を克服する手段かもしれません。

BI-737からは「ビトリア」の表示に従い、高速仕様の**N-637**から再び**BI-737**に降り、**N-634**とつないで無事**N-240**に出た。これをたどればビトリアだ。空港から16キロの距離で道が何回も変わったが、グーグルマップから自分で選んだ道だ。走ってみると非常にうまくつながった。

N-240を行く　ウルナガコ貯水池（Urrunagako urtegia）まで　40km　40分

ビトリアまでの道、N-240は山間部を行く、正真正銘の一本道だった。ビトリア近郊の山あいの一角

ウルナガコ貯水池を N-240 から

に、ウルナガコ貯水池というのがある。となりの、ウンバリ・ガンボア貯水池と合わせて、地図上ではかなり広い湖が確認できる。

湖が見えてくる。N-240 の路肩に車を寄せ、貯水池の水を見ていたらふと我に返る。

「車を走らすだけなんて……これ旅になっていない」

少し道草がしたくなった。湖周辺の耕作地に入ってみる。細い農道が穏やかにうねって続く。耕作地全体のゆるやかなうねりと道のうねりが織りなす風景が美しい。左手に湖が見える。少し入り組んだ入江のような地形に水をたたえている。その入り江の手前に、一面にタンポポが咲いていて、旅している季節は春なのだと教えてくれる。

湖畔の町レグティアノに立ち寄る予定はなかったが、再び湖が見えだしたら、水に触れてみたくなった。地図を見たとき、町に入ってすぐに、レストランがあったのを思いだす。営業していたら少し休憩しよう。

レストランの駐車場と思しき場所は、そのまま湖の岸辺に向かってなだらかに下りていた。タンポポや春の草花が咲く岸辺を歩く。これからのシーズン、戸外でする食事のためか、大きな木製のテーブルとベンチが据えられている。目の前の湖は満々と水をたたえ、対岸の山々を水面に浮かべ、静かに移り行く季節を迎え入れている。貯水池というからには、人工湖なのだろう。日本のダム湖を想像していたらまったく違って、「秘境の湖」なんてキャッチコピーが似合いそうな、山あいの湖そのものだ。水際で透明な水に手を入れてみる。冷たい中にもどことなく温かさがある。どこから来るのかなぁ。

スペイン映画で、母親が、確かペネロペ・クルスだったと思う、今年は海に連れていけなくてごめん、と謝る場面で、十歳くらいの少年が、いいよ、貯水湖に行くから、と言うのだが、貯水湖というのがうまく想像できなかった。貯水湖はまた、近隣住民の夏のリゾートなのだ。こういう場所なのかぁ。夏は気持ちよさそう。(カラー口絵2頁)

アロース・カルドソ

レストランは近くで見るとしっかりした造りだ。トイレ休憩ぐらいのつもりだったが、ランチをやっていれば食べようかと思うが、なんだかシンとしている。少し躊躇する。覚悟がいるのだ。ここは凄くローカルなレストラン。多分スペイン語の嵐だ。そこをかいくぐって、食べたいものを注文するのは至難の業。どうか英語が通じますように。

中に入ると左手はバー。バーはこんなに人がいたんだ、って思うほど混雑している。今日は日曜だっけ？　みんな昼間からバーでなに飲んでいるのかしら。しかも立ち飲みで。いわゆるバールだ。男性ばっかり！　気のせいか全員が荒くれ男に見える。勇気を出し、男性たちの間をかきわけ、バーを仕切っている四十歳くらいの男性に、ランチ、ＯＫ？　と聞くと、レストランを指し、どうぞと言ってくれる。英語が使えそうだ。

レストランで待つことしばし。六十歳手前かと思われるメガネの細身のおばさんが、オーダーを取りにくる。バーの彼の母親かなという年齢だ。日本でもこういう人がご近所にひとりはいる。朝から晩までくるくると働いて、ちょっと、その〜、筋張ったという趣の方々。それこそ筋を通さないと、ちょっと怖いキチンとした方々だ。

で、彼女、私を見るなり「ライス、ライス」を連発する。実は後で知ったことなのだが、ホントはスペイン語で「アロース、アロース」と言っていたのだ。つまり米だ。

「米、米」といっても、反応しない東洋人に、らちがあかないと見たか、突如おばさんは引っ込み、バーのお兄さんが代わって登場。

「おまえ米が欲しいか」簡便に直訳するとそう聞いてくる。

「どんな種類の米か」簡便に直訳するとそう問い返す。

「米と野菜や、海老やいろいろだ」

「米、野菜、エビ、いろいろ？」

パエリャの絵が頭に浮かぶも、日本を発って以来会話らしい会話をしていない悲しさ。そのパエリャに言語回路がつながらない。一品料理はもう食べたくなかった。改めてメニューを持ってきてもらう。実はこれ、後で大いに後悔することに。で、メインには、なんとフィッシュくださいと言ってしまった。ミートは胃がもう嫌と言っている。消去法の選択だった。

「こんな内陸の山間部で、ソリャまったく不適切な選択デショ」

チラッと誰かがそう言った気がしたが、注文すれば来る。最初に青唐辛子のピクルスが運ばれてきた。これが美味しくて、シーシー言いながら食べる。フィッシュはだいぶ待たされてからやってきた。サバだ。まるまる一匹。これでもかというくらい良く焼いてある。というか、自分の油で焼かれたという風情の、煤にまみれていた。思わず、「ワ〜オ」と叫んでしまう。運んできたお兄さんはバーの彼の弟のようだったが、その彼がバツが悪そうに笑った。

食事を始めてほどなく、レストランの席が一つ二つと埋まっていく。その中に男性三人組の客がいた。工事関係者。日本でいえば、電気会社か電話の工事か、なんとなくそう思った。席に着くなり、何やら真剣な面持ちで話し合っている。午後の仕事の段取りか、午前の反省会か。彼らが一体何を食べるのか、とても、とても、気になった。

サバと青唐辛子のシーシーのあいだ、それとなく拝見しておりました。

まず来たのは、赤ワインが一本。えー、昼食だよ？　誰かひとり飲まない人がいるんだろうな。いやいや、三人とも大きなワイングラスになみなみと。運転は？　午後のお仕事は？　ますます、目が離せない展開になって来たぞ。ワインが入ると、議論はさらに白熱し、むしろ口論に近くなる。

やがて、お料理登場。さっきの彼が大きなスープの容器を抱えるようにして、厨房につながるドアを体で開けて運んできたのが、あの「アロース」だった。大きなお玉で彼らの目の前の同じような容器に、かい出すように入れてゆく。正体はお粥だった。真っ白なドロッとした米に、グリーンの何かとベーコンのような何かが細かく刻まれて混ざった、その米の状態はまさしくお粥だった。アツアツなのか、湯気がボワーっとたっている。その湯気を見た瞬間、あれこそド・ゴール空港に着いて以来、ずっと我が心のひだにおりのごとく沈殿し始めていた、飢餓感を満たす食べ物だと直感したのだった。あたたかくて、家庭のにおいのする料理。そのうえ胃にやさしそう。

ところがかの三人、そのアロースに手をつけようとしない。熱いものはアツアツのうちに食べないと、と気が気じゃない。やがて、メインの料理が運ばれてくる。ひとりには、ソフトボールくらいに見えた、大きなまん丸コロッケ風一個がデンと乗った一皿が、あとのふたりには、肉の煮込料理のような一皿が。それぞれが運ばれて、ようやく彼らはアロースを皿にとりわけ、食べ始める。

彼らがお粥をほおばるさまを見ていると、重大な選択ミスを犯したと思い知らされる。黒焦げのサバが悲しい。恨めしい。恥ずかしながら、スペインにパエリャのほかにそういう米料理があるのを知らなかった。リゾットとも違って、日本の八分粥、ホントは雑炊って言うんだろうが、あの真っ白なドロリとした御飯が、やっぱりお粥なんである。バターやチーズを使わないとレシピにあったから、日本人にぴったり。

あれから一年以上も経つのに、あの具入りお粥を食べなかったことがいまだに悔やまれる。アロース・カルドソ。スペイン北部を旅される予定の皆さん、覚えておきましょう。

ビトリアからエステーリャへ

ウルナガコ貯水池からA-132へ　勘で走り逆走もした　20・9㎞　21分

N-240―A-3004―A3002―A3008―A2134―A-104―A-4107―Cerio―A-132
右の道路は、《ビトリア市内回避ルート》だ（277頁）。ビトリアはバスク州の州都。煩雑な市内の道路通過を避けたいが故の苦肉の策であった。
N-240はウルナガコ貯水池から下ると、突然片側二車線の高速仕様になる。その8番インターで降りてすぐ道を間違えた。とりあえず勘で走り抜け、うまいことA-3004に出た。そこから先はすごくローカルな道を楽しむ。なかでもA-4107は超がつく田舎の道だ。麦畑の中に、脱輪しそうな幅の道が一本スッとA-132まで通っている。その道の途中にセリオ（Cerio）という小さな集落がある。一度通過し、また戻ってしばらくそこで時間を過ごした。

スペイン北部は山岳地帯だ。早春のこの時期、山頂に雪を冠する山々もある。サンティアゴ巡礼路が通るあたりは、低めの丘陵地が広がる。人々が住む場所の地形は、そのほとんどが盆地だ。その周囲を囲む山々はむしろ丘と言いたくなるほどだ。それがグルっと平坦部を取り囲み、その底に人々が暮らす町や集落が点在する。「お盆」が描く円が大きいか小さいかの差はあるものの、おおむねそういう地形だ。ビトリアも盆地の中にあるが、その「お盆」はかなり大きく、中心に国際空港もあわせ持つ市街地があり、周辺部は農耕地帯が広がる。その農耕地帯の中にセリオはある。

総数十戸にも満たない小さな村セリオ。周囲の麦畑からそこだけ浮島のように小高く盛り上がった台地に、スペイン住宅メーカー推奨品のような、新建材住宅が点々と建つ。集落の歴史をかろうじて感じさせるのは、小さいがよく手入れされた美しい教会と、家々の敷地に残る古色を帯びた納屋だけという、スペインのありふれた集落である。一度は通過し、エステーリャに直結するA-132へ数分でつながることを確認すると、また、セリオに戻ったのだ。

セリオに戻るとき、道を逆走してしまう。Uターンの場所に選んだ畑の角に、ネコが一四日向ぼっこをしていた。「警戒心」という言葉はこの猫には不要のようで、「異形」の日本人が近づいても白いお腹を太陽に向け、目をシバシバさせるだけ。二言三言日本語で話しかけた後、再び車に戻り発進。ここで右折を日本と同じレーンに右折してしまう。そこで、緩やかな坂の下から登ってくる、フランス版軽乗用車と鉢合わせ。車間距離は十分にあったのだが、あちらの運転手の女性が、顔をしかめてすれ違っていった。ネコに日本語を話したせいだ。左ハンドル、右側走行を始めてまだ一時間と少し。一つの認識を習慣化するのに、相応の経験がいるということを痛感。道路に出る前は必ず確認すべしといましめる。

浮島セリオの教会

セリオの教会前に車を止め、台地の縁に取りつけられたフェンス越しに、この盆地を俯瞰する。足元を取り囲む畑のはるか向こうに、教会の鐘楼を取り囲む集落がいくつか見える。早春のやわらかな日差しにつつまれた集落は、互いの距離を保ちつつ点在している。

「名所・旧跡」はいわば「しつらえられた」観光だ。用意された「歓迎」でもある。セリオの高台から見えている一帯に、特筆すべき何かがあるわけではない。見渡す限りの屋根の下には、人の誕生から死に至る、スペインのごく普通の人々の暮らしがあるだけだ。ユーラシア大陸の地図に穿った、マップピンの針孔にも満たないに違いないこの農村地帯を、むざむざと通過してしまうのがなんだか惜しくて、また戻ってきたのだった。

「もう、来ないだろうなぁ」

目を閉じ、ビトリア盆地の早春の空気を、肺活量の許す限り吸い込んだ。

ヤレヤレ着いたぞ　ホテル・イェリの地下駐車場　A132からA132-A　60㎞　50分

初めて海外を車で行くと、いくつか戸惑うことがある。地下駐車場もその一つだ。特に築年数の古い建物の地下駐車場には何度か泣かされた。防犯のために入り口には必ずシャッターが取りつけられているのだが、その開閉のシステムがわざとそうしているとしか思えないほどいろいろなのだ。その都度確かめないとわからない。加えて、駐車場から建物内部に入るドアが、駐車場からは開かない仕組みになっている。鍵を持たずに駐車場に降り、うっかりドアを閉めてしまい、真っ暗な駐車場に閉じ込められたこともある。

地下駐車場では幾度かつらい経験をした。着いたエステーリャのホテル・イエリで、フロントのおばさんにしつこく聞いてしまう。

「シャッターはオートマチックに開くであるか」

「おまえ、行く。開くである」とおばさん。

「シャッターはオートマチックに閉まるであるか」

「車、行く。閉まるである」とおばさん。

「大変心配である」

「おまえ、心配するな。わたし、ここで、見るである」と笑いながら、パソコンのモニターを指さすおばさん。一応モニターでチェックするらしい。


シャッターは自動で開閉した。問題はそのあとだった。

両隣の車に当てないように慎重に、狭い駐車スペースに車を入れるのに手間どる。汗が出る。後部座席からさらに大汗かいてキャリーをひっぱり出し、さてと、ホテルに入るドアは？　と思ったところで、突然地下の電気が消える。どうやら、地下はセンサーライトのようだった。真っ暗。大体が閉所恐怖症なので、こういう状況はとても苦手である。とっさに、シャッターのところへ行けば、センサーが感応するかもと思いつく。キャリーとカメラやかじりかけのバナナやらで重くなったバッグを肩に、ガラガラとキャリーの音が響く暗闇の中を、シャッター下から漏れるわずかなあかりを頼りに、シャッターのところまで行く。天井灯は点かない。どうしよう。と思った瞬間に、パッとライトが点いて、流暢な英語が響いた。

「ヘイ！　何してるの？　ホテルはこっちから入るんだよ」

若い黒髪の男性が、駐車場の壁の後ろから首を出し、あきれ顔でこっちを見ている。どうやらモニターを見ていたおばさんが、彼をよこしたらしい。汗がまた一段と噴きだす。

エステーリャで最初にしたこと

A-132をたどってエステーリャに近づくにしたがい、むくむくと膨らむシフォンケーキのように、焼いたことはないのですが、心を占めるあるものがあった。キンキンに冷えたビール！　テレビのＣＭでよく見るあれだ。駐車場のトリック（?）にひっかかったショックで凍結されたビールへの想いが、客室に上がるエレベーターに乗ると、急速に解凍される。

「ビール、ビール」とつぶやきながら、汗ばんだ手と顔を洗面所の水で冷やしたら、もうとるものもとりあえず、再びエレベーターで一階に下りた。一階のバールに通じるドアを開けると、カウンターにさっきの黒髪のおにいさんがいる。互いの目と目が合うと、どちらともなく笑いだしてしまう。笑うしかない。

「ハ〜イ！　喉カラカラ。冷た〜いビールちょうだい」

三種類の名前がついたビールサーバーがカウンターの向こうに取りつけられている。

「どれにする？」

ビールなら何でも良いビール通だ。適当に一番手前のを指さす。あまりの適当さに、カウンターの彼が笑っている。

黒ビールだった。のどが鳴ったが、ここは写真が優先。もう、震えそうな手で、素早くシャッターを押す。ふと思いついてレシートも一緒に数枚撮る。予想はしていたが、信じがたく安かったからだ。税込みで1・8ユーロ。当時のレートで198円ということになる。日本のペットボトル入りお茶、水の値段に近い。皆さん、スペインに行ったら、水の代わりにビールを飲みましょう。一年分のビールを買って帰りたい。

エステーリャで最初にしたこと

ということで、エステーリャで最初にしたことは、「キンキンに冷えたビールを飲む」でした。黒ビールだったが、軽い口当たりで、ビールの清涼感があり美味しかった。いっきに半量近くを飲み干し、ハッと我に返った。はしたない……お代わりしたかったが、グッとこらえた。ビールの二杯くらいじゃ酔わないが、まだ日のあるうちから二杯のビールは、飲むほうに比重がいってしまう。

心をバールに残し、カメラ片手に市内の散歩に出かけた。エステーリャはナバラ州の都市の一つ。州都はパンプローナだが、古くはエステーリャにナバラ王国の王宮があり、歴史的には由緒正しき町だ。王宮は今も市内にあり、現在は美術館になっている。旧市街全体が小高い丘の上にあって、その西の端をエガ川が深い谷をつくって巻くように流れている。歩いて回れそうな規模の街だ。

いきなり闘牛場が現れる。

「ワーオ！　スペイン！」

単純に興奮する。人と猛獣(?)が死闘するなんて。古代ローマならいざしらず、そんな「見世物」が今も行われているのは、スペインの闘牛のほかにあるのだろうか。

エステーリャの闘牛場は、夕暮れの街に大きな弧を描き、今日は静かに立っている。その白にエンジ色の装飾が施された壁の前を、幼い子ども連れの若い家族がゆっくりと通り過ぎていく。

エステーリャ市街では一番高い場所に出る。眼下に広がるエステーリャの町は、周囲を幾重もの山に包まれ、窮屈そうに屋根と屋根を寄せ合っている。日はもう山の向こうに落ちたようだ。犬を散歩させる人々が暮色の中を行きかう。「ブエナス・ノーチェス」とでも言っているのだろうか、笑顔を交わしながらすれ違っていく。

そこからつづら折りの階段を下りると旧市街の広場に出た。街灯に照らされた石畳の広場で、小さな子どもたちがサッカーに興じている。その嬌声がすっかり暮れた広場に響く。

バールで立ち飲みをする男たちが、バールの木製ドアのフレームの中で、陽気に笑いあっている。みんなやっと訪れた春の夕暮れを楽しんでいる。商店街はよく目にする観光客目当ての土産物屋などはどこにもなく、街の人たちの日常の暮らしを支える、ごく当たり前の品物をまっとうに売っていた。

そんななか、店の名前が「すきや」と読める店が一軒あった。表のショーウインドーに鉄瓶やら鉄の急須やらが、無造作に並んでいる。

「あらー！」

最近ヨーロッパでは日本のお茶が流行っているとは聞いたが、エステーリャにもあるなんて。

エステーリャ商店街の茶器販売店

すっかり暮れたエステーリャの街を、ホテルに戻る。ホテルで夕食。ホテルおすすめのディナーセット。赤ワインを注文すると、一本まるまる持ってくる。例のおにいさんが、好きなだけ飲め、そういう身振りでテーブルにドンと置いていく。

エーッ！　スペインでは、ビールとワインは水扱いなのでしょうか？

折からの、ワールドカップロシア杯のヨーロッパ予選がテレビ中継されていて、バールには近所の中年以降の男たちが、三々五々集まってくる。試合がゴール際の競り合いになると、テレビに集中。それ以外はピンクの飲み物を片手に、むしろ物静かに話している。スペインは、サッカー、イコール熱狂だと思っていたから、拍子抜けする。巡礼にも見えない東洋人の女が一人、何しているのか気になる様子は見て取れるが、静観しているだけ。食後そのおじさんたちに手を振りながら、部屋へ。

◆宿泊ホテル　Hotel Yerri ★★　ツイン53€　朝食・駐車代（8€）込み　一泊一部屋

家族経営のホテル。幹線道路沿いというアクセスの良さで選んだ。寝るだけなら悪くない。夕食は美味しいものを食べたい方はしかるべきレストランへどうぞ。安く上げたい方はホテルでどうぞ。

◆La Posada jatetxea　ウルナガコ貯水池湖畔のレストラン。jatetxea はバスク語でレストラン。

二日目　3月25日（土）　今日の走行距離187・0km　所要時間3時間00分

エステーリャ—イラーチェ—トレス・デル・リオ　28・1km　34分

イラーチェの「ワインの泉」　水道栓から無料で汲み放題のワインが……

ドライブ二日目の朝は重い曇り空で開ける。昨夜、何時ころか窓を打つ雨の音を聞いた。

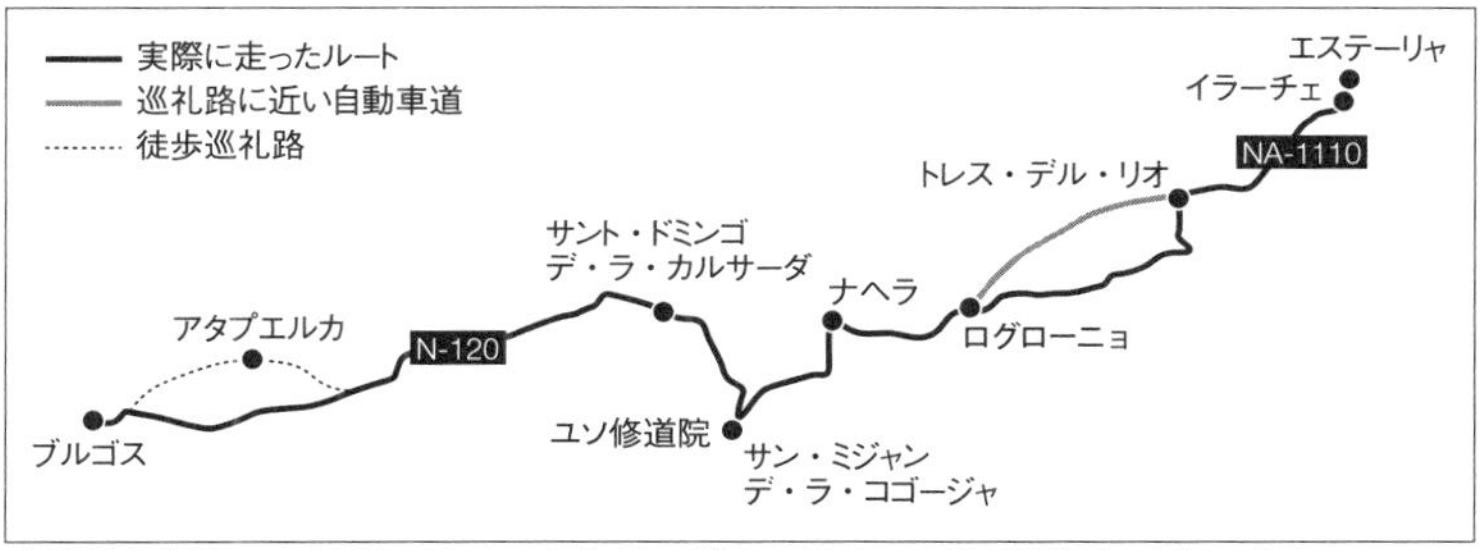

2日目の行程　エステーリャ—トレス・デル・リオ—ユソ修道院—ブルゴス

窓に水滴がついている。テレビをつけ、身支度を整えながら、天気予報を待つ。北部は雨だ。できるだけ早い時間に出発しよう。

今日の観光の目玉、ユソ修道院はサン・ミジャン・デ・ラ・ココージャの山あいにある。宿泊地ブルゴスは、丘陵地に囲まれた盆地にある。その標高1000メートルはある丘を越えて行く。どちらも雨が雪に変わるかもしれない。ユソ修道院はできるだけ早い時間にすませ、ブルゴスへは気温のあまり下がらない、午後の早いうちに達していたい。

下のバールで朝食をもらう。例の黒髪のお兄さんが、パンに半分以上もはみ出した大きなオムレツを挟んだ、簡便この上ない朝食を出してくれる。巨大なオムレツサンドだ(カラー口絵6頁)。ワー！　またも、驚きとも戸惑いともつかぬ歓声が口をついて出る。温かいのが取り柄。そのシンプルさが家庭的ではある。

今日からが巡礼路をたどる旅の始まりだ(カラー口絵8頁)。エステーリャからトレス・デル・リオまで使うNA-1110は、ほぼ巡礼路に沿うように行くのだが、その期待よりも天気のことばかりが気になる。
まずは、エステーリャの隣町、アイエグイ郊外のイラーチェというところにある、ボデガス・イラーチェ（Bodegas Irache）というワイナリーを目指す。いきなりワイン！と言うなかれ。そこに、ひねるとワインの出る蛇口というものがある。しかも無料で！イラーチェには巡礼路創設当時からの巡礼休憩所、サンタ・マリア修道院がある。そういう歴史にちなんで、本来は巡礼の人々にワインと水を提供するのが目的ということなのだろうが、ワインの出る蛇口だ。やっぱり、行きますよね。エステーリャからは車で10分ほどだ。
NA-1110に入ると雨になる。雨脚が刻々と強まるなか、アイエグイの小さな街並みを抜けると、ほどなく、左手にそれと思しき大きな看板が立っているのが目に入る。その奥に立派な石造りの建物も見えている。サンタ・マリア修道院だ。ワイナリーのショップらしき場所に駐車。ショップは閉まっている。車外に出たとたん風にあおられる。いつの間にか雨ばかりでなく風も強くなっていた。［FUENTE DE VINO］と書かれた看板が、ショップの右手に見える。その指し示す方向を下ると、高い鉄のフェンスで囲まれたそれらしき場所があった。鍵がかかっている？　と、風がいざなうように、入口の鉄格子の扉がわずかに開く。オオッ!!（カラー口絵8頁）
中に入ると左手の石の壁面にその蛇口が見えた。石組みの壁面は一番高いところに小さな屋根があり、聖ヤコブ（スペイン読みはサンティアゴ）なのか、石像が立っており、総天然色のきらびやかな看板がある。さらに下に蛇口が二つ。向かって左はVINO、右はAGUAと読める。ワインと水を示す蛇口だ。巡礼のしるし、ホタテ貝の装飾の真ん中から、蛇口がニョキッと突き出ている。その二つの蛇口の間に十字架もある。簡便な水道栓を想像していたから、壁面のすべての装飾が、車で手軽にサンティアゴを目指す仏教徒には畏れ多い。

何はともあれペットボトルに落下するワインを写真に撮ろう！　と思うのだが、時おり吹く突風に、空のボトルがうまく立たない。ペットボトルを安定させるためワインを少し入れてから、蛇口の下にある洗面台のような受け皿にペットボトルを設置。しかし、風が強くて、ワインは蛇口から直下せず、そのほとんどが洗面台のような受け皿に落下してい

イラーチェ、ワインの泉

ワインで顔が洗える

イラーチェ。雨の中を行く巡礼

く。ヒエー！　雨も降るので、レンズを拭いたり、カメラをコートでかばったり、あれこれ手間どっているうちに、その洗面台にみるみるワインがたまる！　どうにか数枚の写真を撮り終えると、その洗面台にはもう顔が洗えるくらいワインがたまっていた。厚顔なことに、さらにペットボトルいっぱいになるまでワインを……その間、本物の巡礼者の方々が雨合羽を風雨にあおられながら、ワインになど目もくれずに、黙々と通過して行った。お恥ずかしい限りで……

　スペインの皆様、神様お許しください。ありがとうございました。

　車に戻り、さきほどワインの泉の横を通過していった、徒歩巡礼者の後姿を追う。青い雨合羽を風にあおられながら、風雨を避けるように前かがみにうつむき、黙々と歩いて行く。

「雨の中、今日はどこまで……」と思わずにいられない。やがて、修道院の壁に沿う巡礼路の向こうに、風に舞う青い雨合羽は消えていった。

トレス・デル・リオ　石畳の坂の道　雨水が流れ下る

イラーチェを出るとNA-1110は畑の中をうねりながら進む。降りしきる雨。濃いガスのたまる場所もある。ロス・アルコスを過ぎると視界が開けてくる。真っ直ぐな一本道。突き当たりの小高いところに、雨に煙る一つの集落が見える。ひときわ高く教会の尖塔が見えている。トレス・デル・リオ？　と思うが、どうやらその手前のサンソルという集落のようだ。しかし、もう着いたも同然。バンザァ〜イ！

トレス・デル・リオ聖墳墓教会

トレス・デル・リオにロマネスク様式の八角形をした古い小さな教会がある。それを見る予定だった。サンソルの集落を通りすぎると、ようやくトレス・デル・リオが姿を現す。サンソルとは谷を挟むように小高い丘一帯が町になっている。その谷あいに相当するところにNA-1110が通っていた。

石畳の車一台がせいぜいの道を街へ登り始めると、道の真ん中を雨水が小川のように流れ下ってくる。教会はすぐに現れた。聖墳墓教会。車を少し広い道に路上駐車して戻る。どこから現れたのか、雨合羽姿の巡礼の人々が数人、教会の前にいる。彼らの話を身振りから想像すると、鍵の管理人が不在のようで、教会に入れないらしい。いつ戻るかわからないのなら、待つわけにいかない。

教会は小さいが写真で見るロマネスク様式そのままの美しい教会だ。中に入れないのは残念だった。雨の中、少し町を歩いてみる（カラー口絵2頁）。雨に何もかもが濡れた巡礼中の若いカップルが、巡礼宿と思しき建物に肩を並べて入っていく。もう濡れなくてすむ。ホッとしたことだろう。町の一番高いところは小さな広場になっていて、どうやらここが町の中心部のようだ。雨の広場は静まり返っていた。さぁ、ユソ修道院に向かおう。

トレス・デル・リオ―ナヘラ　52・4㎞　42分
ナヘラ―サン・ミジャン・デ・ラ・コゴージャ―ユソ修道院　18・0㎞　22分

名前がクルクル変わる道路の不思議

巡礼路はトレス・デル・リオからビアナ、ログローニョと行く。ここで、しばし巡礼路から離れる。車で七、八分南に下った高速道路、**A-12**・サンティアゴ自動車道に乗り、ログローニョを通過し、ナヘラへ向かう。今日の宿泊地、ブルゴスで二泊するために、この区間で時間短縮をはかる。

ナヘラからはもう地図を見ただけでよだれの出そうなローカルかつシンプルな道がユソ修道院までつづく。ユソ修道院はサン・ミジャン・デ・ラ・コゴージャという、ナヘラからおよそ20キロたらず南の山あいの小さな町にあり、町を取り囲む山の中腹にあるスソ修道院とともに世界遺産だ。

A-12の誘導路を登りだすと、日本の高速に進入するときの感覚がよみがえる。本線を走る車を避けながら、うまく本線に合流できるだろうか。しかし、また、いい意味で裏切られてしまう。

「車なんか、いないじゃん!」

A-12は片側二車線。そのはるか前方に一、二台、後方に同じく豆粒のような車が見えるだけ。今日は土曜日でしょう? この高速、無料ですよ。スペイン人って、車持ってないの? そんなわけはない。

高速を使うのは、ナヘラまでの時間短縮のほかに、ラ・リオハ州の州都ログローニョの旧市街を通らずにナヘラに向かう、最もシンプルな行き方だったからだ。A-12はログローニョを通るとき、LO-20という別のおそらく一般道にいったん吸収され、ログローニョ通過後、再び高速A-12とN-232という一般国道に分かれる。日本の道路の常識には当てはまらないつながり方をする。高速道路に料金所がないから、高速と一般道やローカルな地方道が自由につながるという、スペインの道路の一つの典型のような道路だった。そして一番怖い道路だった。

［120］。道路右手にそう書いた看板が頻繁に現れる。速度の表示だと思う。［高速道路］と書いた看板も頻繁に出てくる。aoutvia って読めたと思う。料金所がないがゆえに、そう書いてドライバーの注意を喚起するというわけか。日本だと高速の料金所を出た国道に、「ここは一般国道です」なんて書いてある。

ってことは？　スピードを出せってこと？

「１２０って、１２０キロのことだよね？　１２０キロ以下で走れなのか、以上で走れなのか、１２０キロで走れなのか、よくわからんなぁ」

なので、１２０キロで走ることに。最初は様子を見ながら90キロで走っていた高速。しかし、豆粒だった後続の車にあっという間に追いつかれ追い越される。それも危ない。右の走行車線をキープしつつ、90キロから１２０キロに速度を上げる。ゴルフは快調に加速する。


ログローニョの市街地入り口。LO-20とのジャンクションが近づくと、車間距離が一気に縮まる。LO-20は制限速度が80キロ。市内通過は暗渠のような半地下を通る。その半地下、市内から合流する車が増える。車は二車線の道路いっぱいに80キロで雨水を蹴散らして走る。速すぎる！　こちらは60キロが精いっぱい。フロントガラスに水しぶきが飛んでくる。少しでも車間距離をあけると、後続の車が割り込む。すごく混雑した高速を、何台もの車にあおられながら走っている気分だった。もうつらい。泣きたいほどつらかった。下っ腹にグッと力を入れ、かろうじて集中を保った。「行程表」には「右車線をキープすべし」と注意書きをしておいた。トレス・デル・リオを出発する前にこれは確認した。自分の調べたことを信じるしかない。

追突と本線へ合流する車を避けるのに神経を使いながら、右車線をキープし続ける。市内を抜けると道路はまた地上に出る。右からの合流路はなくなる。ホッとする。しばらく行くとLO-20は、右の二車線は**A-12**へ、左は**N-232**になるという表示が出る。そのジャンクションでLO-20は四車線になった。

ナヘラ　お昼を食べ損ねた町からユソ修道院へ

LO-20の17番ジャンクションから、高度感のある誘導路を、中空に弧を描くように気持ちよく走って降りると、道路はLO-20から再び高速A-12に変わった。この辺りからA-12の南側に**N-120**という一般道が並んで走る。このN -120は、ログローニョを抜けた巡礼路上に点在する小さな町を、所々でつないで西のナヘラへ向かう。

A-12を１１０番出口で降り、**LR-113**をたどってナヘラの市街地に入る。

ナヘラは中世には王国の首都だった町であり、ナヘラという少しオリエントの香り漂う名前からもわかるように、イスラムの長い支配のあいだに発展した、古い歴史をもつ町だ。大きくはないが、中心部は道が狭くて走りにくい。町の真ん中を流れるナヘリリャ川が町を東西に分けていて、その川沿いに駐車場、緑地帯、公共の施設などが整備されている。昼食をここでとる予定だった。恐る恐る川沿いの駐車場に向かって車を走らす。たどり着いた駐車場は空きスペースがない。しかし、高速道にも一般道にも車なんてないに等しいのに、町の中はなぜこんなに車が多いんだろう？　このアンバランスをどう考えればいいのか。

食事はあきらめた。ユソ修道院まで20分足らず。レストランかカフェくらいあるだろう。そこで休もう。ナヘラの市内からLR-113を南下しユソ修道院に向かう。

サン・ミジャン・デ・ラ・コゴージャ　雨に煙る山あいの小さな町の世界遺産

LR-113から小高い山々を臨みながら西に分かれたLR-205は、途中のバダランという町から南寄りに向きを変え、左右に山を見ながら行く。前方に見える山々が狭まってくると、その足もとにそれらしき小さな町が見えた。

あれだ！　いつの間にか小雨に変わっている。

ユソ修道院と書かれた標識からユソ道路に入る。ユソ道路は修道院のビジターセンター前に直結する迂回路だ。小さな町の中を通らずに行けるようにつくられた、いわば観光道路なのだろう。舗装が新しい。ユソ道路は右手の丘を巻くよう修道院に向かう。その一番高いところからコゴージャの町が見下ろせた。ひときわ高い塔を中心に、石づくりの重厚な建物が、雨に煙る小さな街並みを足もとに従え、すっくと立っている。ユソ修道院だ。修道院裏手の山には、昨夜降ったと思われる一筋の白い雪が見える。やっぱり昨夜の雨は雪になったのだ。ブルゴスに入る峠越えが心配になる。

ともあれ、修道院だ。

ユソ修道院はシンプルではあるが、年月をかけ、素材を吟味し、丁寧に作られたことが遠目にもうかがえる端正な建物だ。早く近くで見たい。ユソ道路に導かれてビジターセンターに着く。駐車場に車を止め外に出ると、冷たい雨が頬を打つ。肌寒い。まずはツアーの時間を確かめ、それから熱い珈琲だ。と思うが、修道院のビジターセンターで聞くと、もうじき今日最後のツアーが始まるという。やむなくツアー開始を待つことに。ナヘラでのんびり昼食なんかとっていたら、間に合わなかった。やれやれ、何が幸いするやら。

さて、ツアーは、四十代と思しき女性が案内人。「スペイン語だけで、英語はありません」と唯一の東洋人の私をなんとなく見ながら、彼女がお断りを言う。わかったのはそこまで。後はひと言も？？　ひたすら勝手に写真を撮りまくり、みんなが上を見れば上を、下を見れば下をという具合だ。

グレゴリオ聖歌集

ユソ修道院

内部は修道院がイメージさせる簡素さはなく大変きらびやか。修道院全体の規模の大きさと合わせ、非常な財力と、宗教界のみならず、周辺の諸地域に大きな影響力をもった修道院だったのだろう。一見こんな山あいの辺ぴな場所にと思うが、裏手の山を越えて真っ直ぐ南下すると、およそ３００キロの距離に首都マドリードがある立地。ちなみにこの修道院は、マドリード近郊の王立修道院、エル・エスコリアル修道院の美しさに並ぶものとして、「ラ・リオハのエル・エスコリアル」と呼ばれている。

ツアーが佳境に入ると、ガイドのスペイン語はますます饒舌に。小さな宝物殿に行くと、由緒正しきものがあるらしく、長い説明をやめようとしない。めげる。長時間のツアーであった。スペイン語の嵐が切なかった。数学的言語をいっこうに解さない、我が教え子の顔が浮かぶ。ジンマシンが出るぞという直前になって、ようやくスペイン語から解放される。

石畳の中庭に出ると雨脚が一段と強くなっていた。寒い。ひと言も解しなかった砂嵐のごときスペイン語。冷たい雨にたちまち濡れそぼったコート。妙な敗北感に襲われ、すっかり気持ちが萎えている。今日の宿泊地ブルゴスへ行こう。ホテルで熱いお風呂に浸りたい。

駐車場へ戻る道すがら、栞や絵葉書の一枚も買わなかったのに気づく。駐車場の入り口手前に、シンプルな造りながら、しっかりとした木の家があったのを思い出す。入るとすぐに、真紅のコーヒーカップが目に飛び込む。工芸品を扱う店のようだ。コーヒーカップは大きさも形も重さも手になじむ。陶土の成分なのか、ところどころ黒に近い濃い茶色に窯変していて赤い釉薬に深みを与えている。好きな赤だ（カラー口絵3頁）。同じ作家のものらしいカップがある。スペインの水差しを小さくしたような形に赤と黄色の釉薬がかけ分けられている。その明るいレモンイエローに惹かれ、それも買うことに。息子家族や友人たちが来たら手軽に出せそうでいいなと、内心の散財の言い訳を聞きつつ、スペイン初のお土産を買うと、ようやく旅行をしているという実感がわく。たかがお土産されどお土産だ。

ユソ修道院駐車場—LR-206—LR-204経由—ブルゴス　88・5㎞　1時間22分

横なぐりの雨　ジョー・パスのギターを聴きながら　LR-204で拾ったもの

修道院の駐車場でiPadを取り出し、この先の道路を確認する。LR-205→LR-206→LR-

204とローカルな道をつなぎ、サント・ドミンゴ・デ・ラ・カルサーダで再び巡礼路に戻る。カルサーダ通過後は、ブルゴスまでの国道N-120がほぼ巡礼路に並走する。

まずは、ユソ道路の一番高い場所からユソ修道院の雄姿を撮ろう。車を回し、来た道をたどってユソ道路の眺望の開けた場所に戻る。駐車可能な路肩に車を寄せ、数枚の写真を撮る。ネットで見る写真は皆このあたりから撮られているのだとわかる。

雨の世界遺産に別れを告げる。ブルゴスまでおよそ一時間半の道のりだ。雨のドライブ。もうひと走りがんばろう。こういうときに備え、家を出る日の朝、バタバタと手当たり次第にダウンロードしてきたジャズ。これまで未知の土地を走る、緊張という負のテンションに支配され、音楽を聴く余裕が生まれなかった。

iPadを開いて、迷わずジョー・パスを選ぶ。ギターが聞きたかった。ピアノほど自己主張せず、管楽器ほどパーソナルな音を出さず、雨に煙るスペインの大地にはギターが似合いそうな気がした。iPadのボリュームをいっぱいにあげ、画面をタップする。最初の一音が密室の車内に響きわたり、皮膚を貫いて体に深く浸透していく。目を閉じ、深い呼吸をする。凝り固まった神経に音が響く。熱風に吹かれた氷の糸のように何かがいっきに解けていく。自分でも気づかぬほどに緊張と疲労は深いところにあった。

ふたたびLR-205に戻り、コゴージャにほど近い町、ベルセオを抜けたところで、右に折れるLR-205に別れを告げ、LR-206へと直進する。雨に濡れた郊外の道。左右に広がる畑をおおう白いガス。手が届きそうに垂れこめたグレーの雨空。またしても時空の感覚を失いそうになる。

ほどなく前方にLR-206とLR-204が交差するラウンドアバウトが見える。あれをLR-204に左折すると、サント・ドミンゴ・デ・ラ・カルサーダの市街地を嫌でも通過し、ブルゴス直結の国道N-120にアクセスできる。

カルサーダまでいっきに通過しよう。アクセルを踏み込む。タイヤが道路の雨水を切ってまわる音が聞こえる。LR-204に入ると前方に巡礼者が一人歩いている。道路の水をはねてはいけないと思い、スピードを落とし、少しふくれて通過しようとしたとき、その巡礼者が右手の親指をあげ、ヒッチハイクの合図を送ってくる。

「ムムムゥー」

声にならない声が漏れる。こういう事態は予想できた。その巡礼者は男性だった。三十前後に見えた。迷った。通り過ぎるとき、彼が腰に毛布を二つ折りにしたものを巻き、その毛布から雨水がポタポタしたたっているのを見た。どうやら装備が不十分らしい。若い人か。ここから一番近くのサント・ドミンゴ・デ・ラ・カルサーダまで行くとしても、徒歩ならまだ相当な時間がかかる。しかし、装備の不備は彼の落ち度だ。この雨に濡れたくらいでは死なない。

「まいったな」

こちらはジョー・パスの音に浸りきって、雨のドライブもようやく上げ調子に入ろうかというときに、まいったなぁ。後続車がいたら任せようと思うが、バックミラーに車の影は見えない。

「しょうがない」

ブレーキをかけ、車を少しバックさせる。ハザードランプを点け、彼が車に追いつくのを待つ。彼が助手席のドアに手をかけるので、後部座席のドアを指で指示。その意味を察したかのように、苦笑しながら後部座席のドアを開ける。思ったより若い。その彼が、ドアを開けたまま何ごとか聞いてくる。

「○＊×△＊?」

開いたままのドアから雨が吹き込んで顔に当たる。

「聞こえない。雨が入るから、とにかく乗って」

そう大声で指示すると、彼は驚きの表情を浮かべ、車に乗り込む。後部ドアを少し開けたまま自己紹介をする。

「僕の名前は○○××です。×××へ行きます。あなたの車に乗せてもらっていいですか?」

今習ったような教科書英語で聞いてくる。礼儀正しい。どことなく幼さが残る声だ。

「ア〜OK。雨が吹き込むからドア閉めて。ところで、どこへ行くんだって?」

「×××です」ドアを閉めて彼が言う。

「ブルゴスへ行くところだけど、おんなじ方向？」

「はい。そう思います。×××に近いところで降りて歩きます」

彼がナビをする約束で乗せることにした。

「あなたは僕を大変助けてくれます」

またも教科書英語で何度も繰り返し礼を言う。車の中は相変わらずジョー・パスが鳴り響くので、何だかよく聞き取れない。国は東欧のどこかだったと。

「何歳なの？」と聞くと、しばらく言いよどむ。

「十八歳」ウ～ン。声はどことなく幼いが、かなりサバを読んでいそうな気もする。まぁいいや。運転をしながらあれこれ話すあいだ中、あの濡れた毛布を車のどこに置いたのか、ずっと気になった。

カルサーダの町に入る。

「ここに美しいカテドラルがあります。知っていますか」と聞いてくる。知っていた。その一部が国営のホテルになっていることも知っていた。寄ってみたいという。彼にブルゴスへ急ぐ理由を話し勘弁してもらう。市街地を抜け、小さなチャペルがたもとに立つ橋を渡る。しばらく行くと、N-120がグッと近づく場所に、N-120への誘導路があった。弧を描いてN-120の上を越え、無事N-120に着地。これで、今日の宿泊地、ブルゴスまで一本

LR-204上で拾った彼

道。およそ一時間だ。ヤッター！

あッ、そうだ、彼を降ろさなきゃ！

彼の宿泊地はグラニョンという町だった。カルサーダから西へ10キロたらずのところにある。N-120上から彼がその標識を見つけた。グラニョンに通じる道路の途中で、ここでいいと言って車を降りた。日頃そういう習慣のなかで暮らしているのか、育った家庭環境のせいなのか、はたまた、こういう場合だからなのか、車から降りると、ドアに手をかけ、背中を降りしきる雨に打たせながら、幾度も丁寧に礼を言う。

「Good luck!」徒歩巡礼の幸運を祈る。

「You, too!」あなたもと、ニッコリ笑って返してくる。

バタンとドアを閉めると、雨に濡れて重いに違いない、あの毛布を懸命に腰に巻きながら、降りしきる雨の中、少し上り坂の町への道を歩いていった。彼の後ろ姿を見送りながら、この先の彼の人生を思う。雨のスペインで、車に乗せてくれた日本人のことを思い出すことがあるだろうか。

GOOD LUCK! 彼の人生の幸運を祈る。

N-120　アタプエルカ遺跡からブルゴスへ

N-120に再び戻る。道路上に正式な巡礼路を示す、深いブルーとオレンジの標識が立ち始める。国道横に小道が並走する。巡礼路だ。

道はブルゴスを囲む峠に向かって少しずつ登り坂になる。本格的な登りにかかると大きなトラックに追いつく。フロントガラスにあたる雨が少しずつ重くなる。みぞれだ。嫌な予感がする。峠にさしかかると、みぞれが雪に変わる。やっぱり。道路の両側は結構積もっているが、水分を含んだ春の雪。通る車に蹴散らされ、走行には問題なく、ホッとする。

少し眺望の開けたところに、ブルゴス近郊の町にアクセスする小さな道路があった。そこで折れ、しばらく休む。iPadのジョー・パスをアラカルト・メニューに変える。ポール・デスモンド、レッド・ガーランド、クインシー・ジョーンズなどなど、バラエティ豊かな面々が入れ替わり立ち代わり演奏する。どこか孤独の響きがあるジョー・パスから、車の中はいっきに大都会の夜の香りに包まれる。

ネオンサインに染まるダウンタウンの舗道。バーに群れる人々の熱気が、その舗道にまであふれだす。グラスとグラスが触れ合う音が、テナー・サックスやピアノのフレーズの間から聞こえる。

ブルゴスまであと少しだ。頑張ろう。

車をUターンさせ、再びN-120。峠を下りはじめると、雪は雨に変わり、雨も小やみになってくる。天気の変化が目まぐるしい。

峠からブルゴスの町は見えない。町の手前にもう一つ小さな丘陵があるからだ。峠を降り、平たんな道に入る。直線の道が続く。左右のなだらかな丘陵地に広がる麦畑。その一角にアタプエルカ遺跡があるはずだ。前方右に、国定の史跡・遺跡、おそらく公園なども含むと思われる、茶色の標識が見えている。あれか？　アタプエルカ遺跡の入り口だった。

明日の日曜、ブルゴス考古学博物館からのアタプエルカ遺跡ツアーをネットで予約してある。Yのリクエストだった。再びスペイン語の嵐にさらされるのかと思うと、もうすでにつらい。Yには外からの写真だけで勘弁してもらおう。ツアーはキャンセルしブルゴスでゆっくり過ごすと決める。

着いたぞ！　ブルゴス　長く雪に怯えた一日だったのに……

ホテルへの道はグーグルマップで何度もシミュレーションを繰り返した道だ。車の往来にはばまれて、市内への幹線道路になかなか入れなかったが、日本でのシミュレーションどおりホテルの前に着いた。「着いてしまった!!」という感じだった。

ホテルは古い修道院を改装した建物だ。四つ星ホテル。

フロントの少し英語がおぼつかない若いフロントマン。なんと違う部屋のキーをくれる。安いわりには立派なドアと思ったら、中で人の気配がする。彼の非を責める気も起こらないほどクタクタになる。今度こそ自室のカードキーをもらう。なんか、おあずけをくった犬のようにハァハァ言いながら、ようやく部屋にたどり着く。

正面入り口からは最も遠い部屋。安かった理由はこれだったかと納得。内装はさすがに四つ星。部屋もベッドもゆったりと十分なスペースがある。ベッドの足元に座り心地のよさそうなソファがあり、ウォークインクローゼットが寝室とは別にある。浴室もバスタブも広い。熱いお湯も出る。それだけ確認するともう歩くのもつらい。キャリーとバッグをまとめてベッド脇に置き、靴も脱がずにベッドに倒れこむ。夕方の4時ころだったと思う。

「靴くらい脱ごうョ」

しばらく経ってそう自分に言う。熱いお風呂に浸りたいと、ユソ修道院であれほど切望したのに、今はひたすら少し寝たかった。そうだ、ワインがあった。今朝イラーチェでいただいたワインを取り出す。松本平のワインメーカーが出している安価なワインと似た味がする。まだ十分熟成していない味だ。けれど、ワインはワイン。テレビをつけてＣＮＮのチャンネルを探す。ベッドでワインを少しずつ飲みながら、テレビの画面を見ているうちに眠りに落ちた。

少し寝ると活動のエネルギーが再生する。今度こそ熱いお湯に浸ろう。身だしなみを整え、今日こそしかるべきレストランで食事をするのだ。そうかたく決意し、入浴の準備をする。スペインに着いて以来、初のバスタブ入浴。

お風呂でひと汗かき、冷蔵庫の冷たいビールを一口飲む。飛び上がるほど美味しい！　活動の気力がわく。二日分の洗濯もサッとすませ、残ったビールを飲みながらYに報告メール。ビールで勢いをつけ、いざ出陣だ！

ッて、意気込んで出かけたブルゴスの旧市街なのだが、実は迷子になった。

ホテルは、旧市街への城門に至近の立地。城門をくぐるとすごい人の群れに出くわす。空を見上げると、ライト付きの風船がいくつもいくつも飛んでいる。何これ？　実はこれ、冬時間お別れイベントだったのだ。夏時間は月曜からと信じて疑わないので、そこに「なに？」が結びつかない。頭がうまく回っていない。こういうのを老害というのか、単に日常の思考習慣なのか、両方だろう。情けない。

旧市街の商店街に足を踏み入れると、細い道いっぱいに人、人。バールもレストランも人でいっぱい。予約なしでは無理そう。やむなく、食べ物を買って帰ることにする。ピザ屋というかパン屋というかを見つけ、ピザとイラーチェのワインで夕食と決める。またかぁと思うがしょうがない。他に食べ物を売る店は見つからず、ピザを片手に人の群れに逆らいながら城門を出た。

そこで呆然とする。風景が入ってきた城門と違う！　目のまえにビルが林立し、広い交差点が見える。交差点の信号が青に変わると、まるで渋谷かどこかのスクランブル交差点のように、ワーッと人々が交差点を埋め尽くす。どこから出て来たの？　と目を疑う光景だ。みんな目的をもって歩いている。その中をさも目的に向かって歩いているというような顔をして歩く。かなり余分な回り道をした末に、ホテルに無事行きついた。警官も出ていたから少なくともホテルのネームカードくらいは持って歩くべきだった。ホテルの名前を忘れては、聞くに聞けない。反省。もう、クタクタ。新たな敗北感とともに部屋に到着。ピザはすっかり冷めてしまっていた。またもや飢餓感の残る食事かぁ。情けない。冷蔵庫で冷やしておいたイラーチェのワインが、その飢餓感を救ってくれた。ワインは不思議な飲み物ではある。iPad の映画を見ながら、ワインとともにピザ風トーストみたいな、冷えたピザを完食。食後は iPad とワイングラスをベッドに持ち込み、映画を見ながら、さっき背負った敗北感のことなどすっかり忘れ、幸せな眠りに落ちた。

息子への報告メールは明日に……。

三日目　3月26日（日）　ブルゴスの二日目

素晴らしい朝だった

目覚める。熟睡した。カーテンを開ける。外はまだ暗いものの、遠くのどこかからやって来た朝の気配が窓辺に漂っている。ホテルの裏通りを、ライトをつけたバンが行く。朝の儀式にとりかかる。お湯を沸かし、粉末コーヒーでアツアツの珈琲をつくる。ベッドでゆっくりと、熱い珈琲の何口かを飲み下し、再びベッドの布団にもぐりこむ。

ハッと布団をはねのけると、夜の名残りの雲が、濃い群青色に染まっている。もう、地平線の真下まで太陽が来ている。日の出直前のブルゴスの旧市街を写真に収めたかった。急げ！　ふらつきながら身支度を整え、カメラ片手にホテルのエントランスを出る。

一瞬にして早春の冷たい空気に取り巻かれる。頭も体も覚醒する。ライトをつけたまま車が通り過ぎる。道路と川をわたり、昨夜通った旧市街への城門をくぐる。

おぉ！　思わずその場に立ち尽くす。夜明け前の、薄明りの中の無人の広場。足元から長方形の石畳が連なる、広大な広場。広場がつき当たるところの小高い位置に、ブルゴス大聖堂の巨大なシルエットがそびえている。しばし仰ぎ見る。写真を撮ることも忘れ、ブルゴス大聖堂を見続ける。その巨大なシルエットが、「キリスト教を擁護し、発展させ、今日まで守り続けたのは我である」と、無言のうちに語っているように見えた。大聖堂の写真を撮る。何枚撮っても「我である」という聖堂の威厳が写らない。

昨夜、あれから雨が降ったのだろうか。広場を端正に埋めつくす、花崗岩の石畳がしっとりと濡れ、ところどころに水たまりができている。そこに大聖堂のシルエットを、暗いモザイク画のように映している。昨夜のおびただしい人々の残したにちがいない足跡はあとかたもなく、洗い流したような石畳がすがすがしい。その石畳にいざなわれ、大聖堂裏の小山にある、ブルゴス城を目指す。
お城は城壁が残っているだけだった。高い城壁に沿って歩きだすと、朝日の最初の一筋が赤く城壁を染める。大きな石を積み上げた城壁は修復されたのだろう、巧みに組まれた石に朝日が陰影を刻んで美しい。城壁は敵との攻防の最後の砦にふさわしい威圧がある。周辺に植えられた桜がほぼ満開。その桜越しに、ブルゴスの市街地とそれを取り囲む丘陵地が見渡せた。東の空にたなびく雲のあいだから、朝日が市街地を照らしだす。

ブルゴス城から明けるブルゴス市街地

城壁の近くに池があった。こんな高い場所に池がある。湧き水だろうか。底も周囲も軽石のような石に囲まれた池だ。その石が人の頭蓋骨を積んだように見える。ここで行われたに違いない戦闘と殺戮を想像させる。たがいの命を懸けた最後の攻防。勝者の狂気が求める殺戮の快楽。ここで、想像を超えるむごい血が流されたに違いない。もう十分だ。下りよう。人が恋しくなる。

柳の新芽が吹き、レンギョウや、花桃が咲く小道を通り、アパートが立ち並ぶ一角に出る。道の両側をふさぐ居住者の車の列。ブルゴスの街はすっかり明けた。おびただしい

ブルゴス大聖堂、礼拝堂入口広場

数のアパートの窓は、カーテンやブラインドがまだ下りたまま。今日は日曜。その窓の内側で早春の眠りをむさぼる人々の寝息が聞こえるようだ。早起きの誰かが台所でいれる珈琲の香りが漂ってきそうな穏やかなブルゴス。

アパート群のあいだから見え隠れする、大聖堂の尖塔に導かれて礼拝堂前の噴水のある広場に出る。礼拝堂に向かうと入り口の背の高い扉の横に、まるで門番のように頭から足元まで黒い装束の老女がすわり、ひざ元に小銭を乞う金属の小皿を置いている。一瞬ひるむ。彼女が、「ここが入口だ。入れ」というふうに手で扉を指す。「ありがとう」スペイン語でそう言うと、彼女が膝のところのその小皿を、自分の黒い服で覆うように隠した。異教徒の施しはいらぬと言うのか。その行為の意味をはかりかねながら、中に入る。

ガラスと鉄格子で区切られた左手の一角が礼拝室になっていた。もう礼拝が行われている。その比較的広い部屋の、半分もいない信者を前に、白い服の神父がお説教中。それが終わると、信者は両方の手を組んで額に当て、何事かを一心に祈っている。

大聖堂の本陣にはいかず、入って来た入口を出る。さきほどの黒衣の老女は、こちらに背を向け顔を上げ、差し込む朝日に全身をさらすように座っていた。彼女にも神に祝福される人生の一コマがあり、今昇る太陽のごとく、輝くように生きたときがあったに違いない。早朝、誰のためにここに座っているのだろうか。それとも、ただ一切れのパンのために、あの小皿を置いているに過ぎないのか。

大理石の床に座り、朝日を浴びている彼女の姿を美しいと思った。写真に撮りたかった。けれど、こちらに背を向け、微動だにせず座っている黒衣の背中にシャッター音を響かせたところで、いったい何が撮れるというのだろう。そのまま礼拝堂の階段を、噴水の広場へと下りる。

再びブルゴス大聖堂の広場。聖堂前の広場は、朝食を終えた観光客が三々五々集まりだしていた。城門を入ったところで、高校生の一団が聖堂をバックに、にぎやかに記念写真を撮っている。彼らの屈託のない笑顔に、こちらも思わず笑みを誘われる。みんなで画像をのぞき込んで確認すると、思いおもいに振り返って、聖堂に向きあう。彼らの動きがピタリととまる。静寂。だれもが無言のまま聖堂を見上げている。少し高くなった太陽が聖堂の半分を鋭く照らす。雲が切れてのぞいた真っ青の空を背景にして、「我を見よ」と聖堂がそびえている。立ち尽くす高校生の一団。急いでカメラを構え、彼らの背後からその光景を数枚撮った。大聖堂が撮れた！（カラー口絵2頁）

ブルゴス二日目の午後　凶にかたむく

午後は、町の西のはずれにあるサンタ・マリア王立修道院に行く予定だった。シトー派の女子修道院としての歴史がある修道院。その後幾多の変遷があったようだが、現在もシトー派の尼僧が管理運営に当たっているとか。女子修道院とくれば、修道院製のスイーツ。期待が高まり、そして消え去る。

入館者用入り口で、夏時間は今日からだったことをようやく知る。時計を見れば1時45分。つまり夏時間の午後2時45分。あと15分で閉館だと、チケット売り場と売店を兼ねたショップの、思わず見とれるほどのスペイン美女が、あきれたような、気の毒そうな目で教えてくれた。

サンタ・マリア修道院

スイーツの有無を未練たらしく聞いてみる。あるそうだ。院内で食べられると。あ〜あ、また食べそこねた。スペインに来てから、食べるべき何かをずっと食べそこね、するべき何かをのがし続けているなぁ。もう打ちのめされっぱなし。

ホテルへの帰り道。霧のような雨が降ったりやんだり。今日は日曜。スーパーも含めて、店は休む。夜明け前から、ブルゴス市内をウロウロし、そう高くないとはいえ、お城のある山にも登った。考古学博物館も館内のスロープを三階分ほど登った。もう足は限界に近い。

ホテルに近くなり、一軒だけ食料品店が開いているのを発見！　小さな食料品店。お世辞にもきれいとは言い難い店構え。中に入ると調味料の類いから、野菜、果物、肉とハム類、缶詰類とパンも何種類かある。ひと通りそろっている。野菜はかなりくたびれ気味の、堂々たる残り物の風情が漂う。何種類かのオリーブの塩漬けが、量り売りされている。美味しそう！　ミニきゅうりのピクルスもある。鶏一羽が回転しながら、こんがりと仕上がっている。缶詰の棚に白アスパラの缶詰がある。エステーリャで食べた缶詰のアスパラ。日本ではほぼ口にしない食べ物だ。一本が日本の三本分くらいはありそうなボリュームだった。ほどよく残ったアスパラの繊維がザクザクと食べ応えがあった（カラー口絵６頁）。ホテル自室の冷蔵庫で冷やしてある、イラーチエの赤ワインが目に浮かぶ。

「Good?」アスパラの缶詰を指してそう聞くと英語が返ってくる。

「英語話せるのね」

「チョットね」と、指でそういう仕草をつくりながら、返してくる。

会話できるのにホッとし、ここで夕食と明日の行動食用の食料を確保することにする。

今晩のメニューを決定する。前菜は白アスパラと、彼おすすめのオリーブの塩漬け。メインはローストチキン。付け合わせはトマトとミニきゅうりのピクルス。飲み物は赤ワイン。

なんだか、字面だけはステキなディナーではありませんか。

くたびれ気味の野菜の中で比較的元気なトマトを買い、さらに非常食用にバナナ二本。清算し終えると、店主が聞いてくる。

「日本人か?」

「Yes」と答えながらも、店も主人も、あまりさえない食料品店。その店主が英語を話す。もちろん、さえない食料品店にだって、英語を話す人はいるだろう。けれど、ホテルのフロントマンの英語は相当あやしかった。

「あなたはここで生まれたの?」と思わず聞いてしまう。

「No」と即答が返る。彼の説明によれば、中東の国の一つを言った気がしたが、そこからやって来たのだという。そういえば、どこかアラブ系の顔立ちをしている。なぜとは聞かなかった。合法的な移民ではあるのだろう。そのようなことを言った。

「僕は日本へ行ったことはないけど……心が、日本人の心が好きだ」言葉に詰まりながら、唐突にそれだけのことを言うと、指で自分の左胸を指さした。

彼が何かを懸命に言いかけて、同じ言葉をまた繰り返した。彼が言おうとしたことが何なのか、知りたかった。なぜ、故国を離れスペインで食料品店を営むことになったのか。自国に多少なりと安全かつ安定した暮らしがあれば、誰しもそこにとどまるに違いない。彼のような人々の口から、ニュースや書物には載らない、その国の現実が語られることもある。聞いてみたかったが、客の領分を越えてしまう。別れの言葉を言い、ホテルに戻った。

ショータイム付きディナー

ベッドの上に買った食料品を並べ、記録用の写真を撮る。食料品店の彼が、「こんなに少なくていいのか」と、笑いながら切りわけてくれた手羽肉。鶏一羽分は入る、アルミ容器の底でころがっている。それがカメラのフレームの中であまりにわびしく、ファインダーをのぞきながら思わず吹きだす。

熱いお湯に沈むようにつかる。相変わらず、立てた予定をたどるだけのつまらない旅をしているな。そう思う一方で、だとしても、よくここまで走ったじゃないかと思う。道は一部の高速道路を除いて、走りやすい田舎の道ばかりを選んだ。それは自分のペースで走れるだろうという思惑通りに機能したが、エステーリャを出てからは雨、雨、そして雪。

悪天候の中のドライブに身も心も消耗する。

日曜の夜。客室はシーンという音が聞こえそうに、静まり返っている。今朝食堂を埋め尽くしていた人々の大半は、明日から始まる一週間のために、ここを発ったに違いない。

「ここで何をしているんだろう」

ふとそう思う。このまま運転を続けることに疲れを覚える。このスペインに戻る場所はない。少しずつ体が温まると、気力が回復してくる。入浴後、冷蔵庫から冷えたビールを取り出し、最初のひと口でまたもや生き返る。

iPadの映画を見ながら、食事をすませる。『最強のふたり』という邦題の、２０１１年フランス映画だ。何回か見ている。主人公の生涯車いす生活を余儀なくされた富豪の男性と、その介護に雇われた黒人青年のあいだに、信頼関係が育つ過程を描いた映画だ。後半、その男性が毎年恒例のパーティーを開く場面。彼にプレゼントされた、スタイリッシュな黒いスーツと白シャツを見事に着こなした青年。彼がノリノリのダンスミュージックに合わせて、素晴らしいダンスを披露するシーンは圧巻である。今日のような日から必ず救ってくれる。そういう気がして、iPadにダウンロードした映画だった。

「ショータイム」付きディナーは、冷えたビール同様に、明日のエネルギーを与えてくれた。息子に約束した通り、必ず無事に帰るのだ。室内灯を消し、眠りに落ちた。

◆ブルゴスの宿泊ホテル　NH Collection Palacio de Burgos ★★★★ 150.98€　二泊一部屋（税込み・食事・駐車料金別）

部屋の居住性の良さと旧市街に至近距離のアクセスの良さではお勧め。有料だが、地下駐車場があって便利。サービス・朝食は四つ星にしては良くない。ホテルのならびにレストラン・カフェがある。利用しなかったが、近くで食事を済ませたいという人には便利。

第四章　スペインの大地を駆け抜けた二日間

四日目　3月27日（月）　今日の走行距離169・8km　所要時間2時間44分

ブルゴス―シロス修道院　62・55km　1時間2分

渋滞に巻き込まれないうちに……早立ちしたのがあだになる

今日は月曜日。昨夜から、渋滞に巻き込まれないうちに街を出ると決めていた。遅くとも7時には出よう。

この時期のスペインの日の出時刻は、およそ午前7時30分から8時前後。これは夏時間なので、実際は午前6時30分から7時前後だ。東京だとこの時期の日の出は午前5時半頃になる。日本から行くと、夏時間のヨーロッパの朝はいつまでたっても明けない。夕方はいつまでも暮れない。

目覚めると、予想通りまだ真っ暗。

一階のエントランスホール。掃除係のお姉さんが、昨夜、宿泊客が飲み散らしたオレンジ入りのウェルカムドリンクを片づけ、新しいものと取りかえる準備をしている。まだ眠そうな彼女に身振りで頼み、オレンジを一個わけてもらう。フロントで五十代と思しき男性と女性が眉間にしわを寄せ、何ごとか打ち合わせ中。ホテルはまだ目覚めたばかりだ。

エレベーターで地下駐車場に下りる。急に車のことが心配になる。

「チャンとあるかなぁ」

あるある、ワーゲンゴルフ！　二日前苦労して納めたスペースに、そのまま止まっている。当たり前だけど、外国ではこのあたりまえが心配になる。地味なグレーのどこといってとりえのないエコノミータイプ。しかもレンタカーなのに、再会が嬉しい。

目指すはシロス修道院。正式名称はサント・ドミンゴ・デ・シロス修道院。ブルゴスから60キロほど南下した丘陵地帯の、同名の小さな町にある小さな修道院だ。

この修道院から出された一枚のCDが、この片田舎の修道院を有名にした。グレゴリオ聖歌のCDだ。グレゴリオ聖歌はローマカトリック教会の典礼で歌われる正式な聖歌ということになっている。音階も音符の表記の仕方も、現代の音楽とはまったく異なる。歌というよりむしろ詩文を朗誦するような、特有の抑揚と響きがある。長年行われてきたグレ

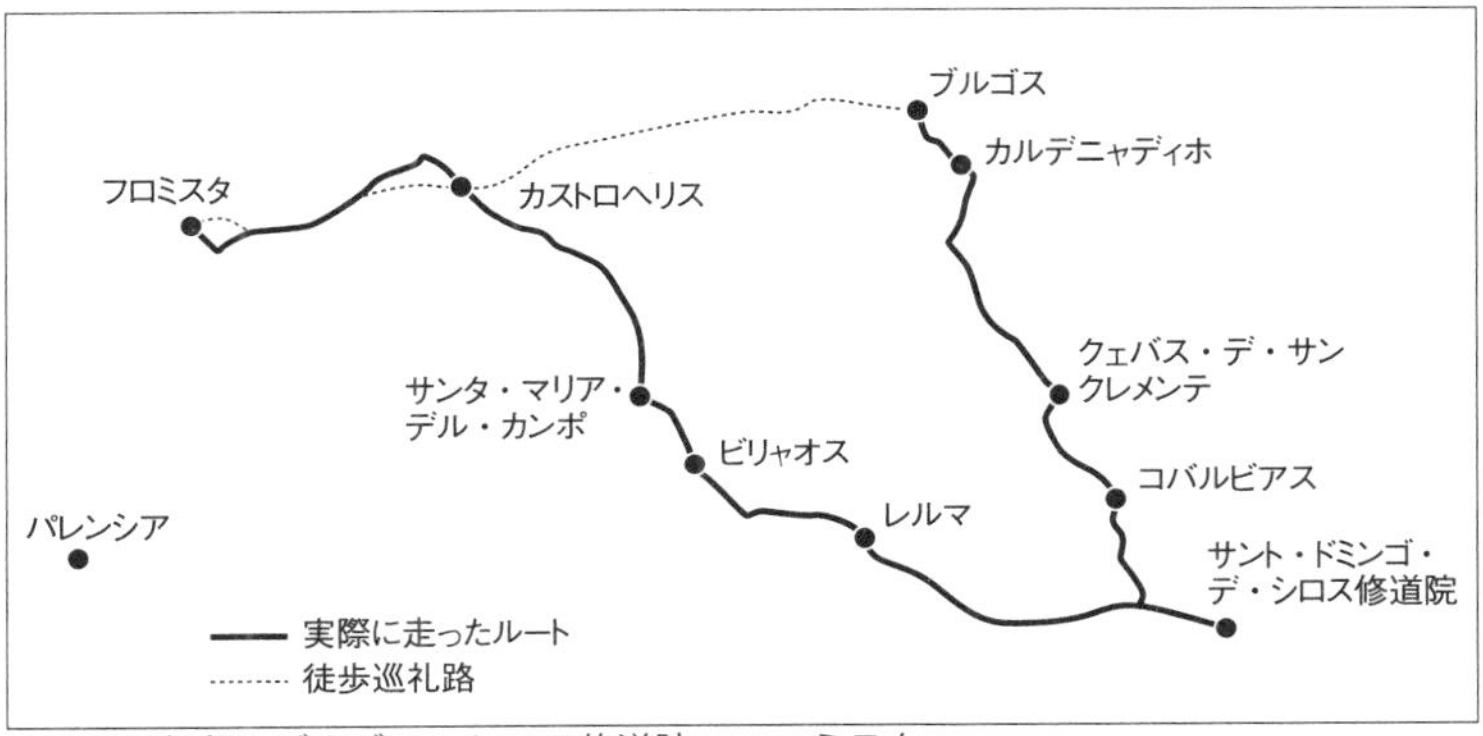

４日目の行程　ブルゴス―シロス修道院―フロミスタ

ゴリオ聖歌研究の成果として出されたＣＤが、世界的なグレゴリオ聖歌ブームの火付け役になった、ということらしい。

　シロス修道院の聖歌隊は、スペイン国内では古くから知られた存在のようだ。スペイン内戦当時、欧米諸国からの批判が相次いだ内戦の勝利者、フランコ将軍の勝利を神に告げる式典が、マドリードの教会で執り行われた。その教会でシロス修道院の聖歌隊は歌っている。内戦勝利の正当性を内外にアピールするための、いわばフランコのパフォーマンスであっただろう、由緒ある教会での式典。その教会の聖歌隊を差し置いて、わざわざ呼ばれたのだ。それなりの実力と格式を認められていた証しだろう。

　ＣＤは何枚か持っていた。修道院でタイミングよくミサと聖歌の両方に出会えるかは、まったくわからなかった。この修道院にはもう一つ有名なものがある。中庭を取りかこむ回廊の美しさだ。行ってみたかった。

ライトを点けたワーゲンゴルフ。ホテル地下駐車場からまだ薄暗いN-120に右折させる。前方の交差点、左はブルゴス大聖堂前の広場に直結する城門。今日は右へ折れ、マドリッド通りという名前の道路に入る。これは市街地のはずれで高速につながり、ほぼ一直線に南下すると、スペインの首都マドリードにおよそ二時間半で達する。逆にマドリードから北上すると、徒歩ならそのままあの城門をくぐり、ブルゴス大聖堂につきあたるわけだ。

この地の利故に、北部スペインの政治・軍事、さらに宗教上の要衝の地として、歴史に翻弄されたであろうブルゴス。マドリッド通りへとハンドルを切れば、ブルゴスともお別れだ。


右折したマドリッド通りは、街路灯のあかりではるか前方まで見渡せた。数台の車が見えるのみ。三つ目の交差点がラウンドアバウト、そう数えながら行く。このラウンドアバウトでマドリッド通りはいくつかの道に分かれる。ラウンドアバウトを回ってBU-800の標識が立つ出口へ無事右折。ホッとする。BU-800に入ると人家が急速に減る。BU-800は片側一車線のシンプルな地方道だ。のんびり、ローカルな道を楽しむのだ。

ブルゴス郊外の人家がなくなるころ、黒い雲と雲の切れ間がほんの少し白みだす。早朝、郊外の一本道。夜の高速と同じで、意外と走りやすいことに気づく。周囲が見えない分、余分な情報にまどわされず、ライトが照らす前方にのみ集中できる。車内の密室感も増す。なんだか無性に楽しくなってくる。『Softly as in a morning sunrise』、邦題『朝日のごとくさわやかに』が口をついて出る。「恋は朝日のようにひそやかに人の心に忍び込み、大切な何かを盗み……」と歌う、結構ネガティブな歌だ。

今日は、iPadのジャズはしばらくなしで行く。かわりの自演「スタンダード・オン・パレード・ショー」で、車内は伴奏なしのカラオケルームのよう。明けていくスペインの大地を、オン・パレードのわりには、『朝日のごとくさわやかに』を繰り返し歌いながら行く。

しかし、調子に乗ってしまった。ブルゴスのホテルから二十分足らずのBU-800上の小さな町、カルデニャディホの少し先で、BU-V-8013というさらにローカルな道へ右折するのだが、その場所を見過ごしてしまう。薄暗がりなのでそういうことが起きる。実は、この先数百メートルのところに、BU-P-8012という、まわりの風景も酷似したローカルな道がもう一本ある。この二本の道路はグーグルマップ上でも間違った。「道路標識の道路番号を確認すべし」と旅行程表に書いたのに、心ここにあらずば無駄。BU-V-8013を見逃し、BU-P-8012へと入ってしまった。

赤土の大地　林立する巨大な風車　ドン・キホーテになる

しばらく走っておかしいと気がつく。山地を切り開いたような、車一台がやっとという道。それがくねりながら、どんどん細くなる。日本なら、イノシシかクマでも出そうな道だ。まるでけもの道。

「エー！　行けるのォ？　舗装されてるから、いいんだよな？」

本来とるべき道は、もう少し開けた畑作地を行くはずだった。しかし、Uターンする場所がまったくない。グーグルマップ上で間違ったとき、この先にいくつかの集落があったのを思いだす。

「しゃぁ〜ない。行くしかないな」

けもの道からようやく開けた場所に出る。車を止め周辺の状況を確認する。車は丘陵地を下る急峻な斜面の上の、急カーブを描いて下る道路の上に止まっていた。

「完全に間違ったな」

明けてくる光の中、急斜面の下の狭い谷あいには、いくつかの人家が見える。どの家もまだ暗い。眼下の集落の背後は、また丘陵地。その丘陵地の斜面に、集落から登る道がついているのが確認できた。道はいいようだ。大きな発電用風車が丘陵地の肩越しに何基も見えている。

「このまま行くか」

間違ったら戻るべし。自分に課した車の旅の鉄則を、あえて破ることにした。何だかものすごく嬉しくなる。丘陵地の肩越しにのぞく風車が、その先にあるものに期待を抱かせる。

足もとの道を慎重に下り、谷あいに下りると、家々の間を走る、きれいな舗装路がチラッと見えた。後で気がついたのだが、実はこの道路、本来とるべきBU-V-8013と同じ道路ナンバーがついている。おそらくあのけもの道を通る不便を解消するためにつくられた、BU-V-8013の派生路だと推測する。BU-P-8012は、今はほとんど使われていない道なのだろう。なるほど。集落背後の丘陵地をいっきに駆けあがる。急速に明けてくる光の中、登ったと思うとまた下る。なかなか視界が開けない。一段と高いところのカーブを回り込むと、ようやく視界が開けた。

「オオーッ！」

グレーの雲がたなびく空。眼下には緩やかな丘陵地がはるか連なり、そのあいだを道路がうねりながら走っているのが見える。丘陵地の比較的高いところに、風車が何基も立ち並んでいる。

道の左右の耕された畑に目を奪われる。赤レンガを細かく砕いてまいたかのような赤土。陸上競技場のトラックかテニスのクレーコート以外で見たことのない赤い土だ。日本の土を見慣れた目には、こんなに赤い土に植物が育つのかと少し心配になる。

赤土の畑は隅々まで余すところなくトラクターで耕され、少しの乱れもなく縞模様を描

間違って入ってしまった風車の道 BU-P-8012

いている。すごいなぁ。思わず見とれてしまう（カラー口絵3頁）。

写真だ！　道のまん真ん中に車を止めたまま、ハザードランプを点ける。フロントガラス越しに一枚。ふと、後に気配を感じる。バックミラーに、後方のカーブから、今まさに出ようとする車が顔を出している。ヤバイヤバイ！　車を路肩に寄せ終わらないうちに、グレーの乗用車が横をすり抜けていく。

運転席の白髪六十代と思われる男性が、迷惑至極という顔をこちらに向ける。視線が合う。彼の怒りを含んだ表情が、一瞬のうちに驚きにかわる。視線を急いで前方に戻す彼の横顔に、不可解の表情がありありと。

「こんな早朝に、東洋人のしかも年配の女が一人。道路のまん真ん中に車を止めて……こんなところで何をやっている？　わしの理解を越えておる」

と言わんばかりの、呆然とした表情のまま去っていった。

悪いことをしたなと身が縮む。旅人として最もやってはいけないこと。それは現地の人々に迷惑をかけることだ。

旅の計画を練った膨大な時間と、さらにしかるべき費用をかけ、スペインにやって来た。月曜の早朝、さきほどの彼は仕事か急な用かで家を出たのだろう。地に足の着いた生活者に出会うと、旅人の心は少し揺れる。私だって、日本ではチャンとした生活者だ。そのはずだ。人々の生活の場で、物好きな旅人そのままに、迷惑をかけている。

車を路肩ギリギリに寄せる。ハンドルにもたれたまま、こちらもしばし呆然と目の前の巨大な風車を見る。風車を見ているうちに、あのラ・マンチャのドン・キホーテに、自分の姿が重なる。

スペインの片田舎から意気込んで冒険に旅立ち、未知の世界の大きさにしだいに打ちのめされていくドン・キホーテ。彼の行為は可笑しくもあり、愚かでもある。冒険の旅を続けることが彼の生きることそのもののように、旅を続けざるを得なかったドン・キホーテ。

日本から一万キロも離れたこの赤土の大地。その真っただ中で、親密な空間はワーゲンゴルフ一台分にすぎない。ドン・キホーテの目に、風を受けてまわる巨大な風車が、冒険の行く手をはばむ敵に見えたとしても不思議はない。

「ここで何をしているの」

その問いかけが一段と身にしみる。

間違えた道からシロス修道院へ

気持ちを整え、目の前の地形を観察する。

林立する風車越しのはるか前方に、小高い山並みが見える。ブルゴスからシロス修道院への最短路では、小さな山を二度越えて行く。日本出発前に、グーグルマップで走行のシミュレーションを繰り返しやった。その記憶に残っている山並みに似た、小さな三角形のピークが見える。

「あの山を目印に、とりあえず、走ってみよう」

行く手に小さな集落が次々と現れる。四、五戸から十戸に満たないような集落だ。その入り口に「何々村」、たぶんですが、と書かれた標識がそれぞれ出ている。行政区分としての公式の名称なのか、古くから呼びならわされてきた、「なになに地区」というような呼称なのかはわからない。集落の出入り口の道路際に、白地に黒のペンキで書かれた名前入りの看板が、ときには手書きで、律儀に立てられている。いったい誰に向けて立てられているのだろうか。

スペインはこういう小さな集落が増殖もせず、近隣の村々と混在もせず、独立を保った

小さな集落をいくつもすり抜け国道に出た

まま点在する。排他的であり、一方でもう何百年もそうやってきた、それが流儀なのだ、とそこに住む人々のある種の誇りすら感じさせる。古来、国土を支配する者が次々と変わり、現代においても同胞同士が血で血を洗う内戦も経験したスペイン。繰り返し押しよせる荒波は、集落ごとに力を合わせてしのぐほかに方法があるのかい、と名前入りの立て看板に言われたような気がする。

目標に置いた山を追い続けると、N-234に突然出くわした。そんな感じでセンターラインが一直線に伸びる、きれいな舗装路につきあたった。このN-234上の小さな町、クエバス・デ・サン・クレメンテの町はずれで、BU-901への分

シロス修道院の外壁に沿って

岐路を間違わずに入り、902*、903と道なりに進めばいいやでもシロスへ着く。もちろんいやではありません。やったー！（*902は最新のグーグルマップ上では901に吸収されたのか、確認できない）

無事BU-901に進入。BU-901に入ったところの左手に、見上げるほど大きな観光案内板があった。その案内の中に、シロス修道院の文字を確認してホッとする。ここからは山道のはず。道路際の空き地を見つけ、しばしの休憩。昨日、ブルゴスで調達してあった、バナナ、トマト、パン、それにホテルのお姉さんにもらったオレンジを取り出し朝食を簡便にすます。

山の道は一部を除いてセンターラインのある快適な道だった。

コバルビアス（Cobarrubias）という町に至る。町の中心部近くに大きな四差路があり、地名を示す標識を中心に、いくつかの案内板が取りつけられている。その中の［BU-901 SANTO DOMINGO DE SILOS］の標識を確認する（カラー口絵8頁）。この町は旧市街が残されていて、かつての城壁や修道院なども保存されている。

シロス修道院の町、サント・ドミンゴ・デ・シロス。街そのものはいたって小さい。町の中心部の広場に駐車。車の外に出ると、いつの間にか空はグレー一色。広場から徒歩数分の、修道院の塔を目指して歩くうちに、雨がポツリ、ポツリ。修道院の礼拝堂に着くころには、もうボタボタと降ってくる。

礼拝堂の左手に礼拝堂入口とは別の扉があり、扉の横の壁に案内板が張りつけてある。そこへ雨合羽に身を包んだ長身の男性がやってきて、その案内板を読んでいる。その彼が、「オペラ」と彼は言ったのだが、つまり聖歌は今日歌われないことと、回廊の見学も月曜はクローズだと教えてくれる。

そうか。落胆するが、いたし方ない。礼拝堂側の扉を押すと開く。急に降り出した雨を避けるように礼拝堂の中に入る。

無人の礼拝堂。そこは別世界だった。神と向き合うためだけの空間、とでも言いたげな、余分な装飾のない、簡素で小さな内陣。入口から通路が真っ直ぐ祭壇に向かって伸びる。祭壇の湾曲した壁の中央にかけられた、大きなキリストの十字架像と向き合う。十字架像の後ろの壁に照明が取り付けられている。たった一人でキリスト像と向き合うのは、初めての経験だ。両手を十字架に囚われ、両ひざを折り曲げ前傾するキリスト。照明の灯りが与えるキリスト像の陰影が、妙に架刑の生々しさを浮かびあがらせる。

ひとくちに十字架像と言っても、さまざまな表情の十字架像がある。シロス修道院の十字架像は敬虔な信者には、キリストの受難が我がことのように皮膚に突き刺さるであろう、そういう痛みを感じさせる。

通路の両側に三、四人掛けのベンチが並ぶだけの礼拝堂は、ベンチも床も磨きこまれ、祭壇の灯りを反射して美しい。シンプルで小さな礼拝堂だが、異教徒にも心休まる空間だった。

写真を撮っていると、祭壇脇の通路から一人の修道士が、手に灯りのついた蝋燭を持って出てくる。祭壇の蝋燭に灯りをともすようだ。彼がこちらに気づいたので、軽く会釈する。彼も微笑んで会釈を返してくる。町で会えば、ジーンズにスニーカーが似合いそうな若い修道士だ。頬のあたりがどことなく初々しい。バイトで修道士やってる？　そんな訳ないから、彼もシロス修道院の聖歌隊に心をひかれ、ここで神に仕える道を選んだのだろうか。

シロス修道院近くのカフェ　出てこない珈琲を待ち続けるあいだの空想

広場から修道院に来るとき、一軒だけ灯りのついたカフェがあった。熱い珈琲を飲もう。しかしながらこのカフェ、ひどいカフェであった。家族経営なのだろう。若い夫婦とそのおばあちゃんという風情の老女の三人がカウンターの中に。若い夫婦はそのカウンターの内側で何やら言い争いをしている。おばあちゃんはおばあちゃんで、東洋人に笑顔一つ見せない。面倒な人種が入ってきたとでも思っているのだろう。口論中の夫婦は、客より大事なことと言わんばかりに、こちらに視線も向けずに言いあっている。なかなか注文を取りに来ない。

その雰囲気にめげず、待つことしばし。夫が店の奥に引っ込むかたちで、言い争いは終了。妻が口論の顔そのままに、「こんなときに何しにきたの」と言わんばかりの、とげのある目で注文を取りに来る。これもめげずに珈琲を注文。珈琲はさっきの若い夫がいれる役割らしく、今度はなかなか珈琲が出てこない。

いつまでたっても出てこない珈琲。こうなったら意地でも待つと決める。その間に地元の常連客と思しき、恰幅のいい老人が一人やってくる。とたんにおばあちゃんの相好が崩れる。

「おっ、笑う人だ」

相好が崩れたばかりでなく、おじいちゃんの席にやってきてまで話し込んでいる。小柄でやせぎすなおばあちゃんだが、笑うと愛嬌がある。彼女の変わりようが面白くて、出てこない珈琲を待ちながら観察しつづけた。

「そうか、彼を待っていたのか」

暇そうな店内に、戦力になりそうもないおばあちゃんがいた理由を納得。可愛げがあるではないか。こちらの視線に彼女が気づく。すかさず、ジェスチャーで珈琲を飲む真似をする。彼女がこちらのテーブルに視線を落とし、奥に向かって何ごとか叫ぶ。注文を取りに来た若い妻のほうもいなくなっている。

「ラウーラ！（妻の名前です。私の想像です）この東洋人の注文は取ったんだろう？」

シロスの町の中心、マヨール広場

返事がない。

「ラウーラッ！　聞こえてるんだろ？　返事をおしッ！」

ラウラが出てきて、目を伏せながらボソボソと。

「とったわよ。パウロ（夫の名前です。想像です）が、あんなわけの分からない東洋人に珈琲なんか作りたくないって仕事しないのよ」

「パウ〜ロゥ！　馬鹿言ってんじゃないよ。チャンと仕事しなッ！」

パウロ登場。

「オレ、そんなこと言ってねぇよ。ラウラがつまんないことで、朝っぱらからガミガミいうからさ」

「あんた、そう言ったじゃん！！」

またもや、ひとしきり二人で口論。

「もぉー。あきれた夫婦だねぇ。早く珈琲お出しッ！」

ホントにあきれた夫婦だ。

ことを治めたおばあちゃんが、盗むような眼でこちらをチラッとうかがうと、視線をおじいちゃんに戻した。とりあえず珈琲にはありつけた。ひどい味の珈琲が出てきそうな気がして身構えたが、珈琲は悪くなかった。外に出ると、あんなに降っていた雨は嘘みたいにやんでいる。雨はシロス修道院の上にだけ降ったみたいだ。

あ、そうそう。さっきのかれらの会話。もちろんわたくしの創作です。かれらの表情から、ほぼこれに近い内容であったとの推測だ。ヨーロッパは階級社会だと言われる。政治・経済、社会的身分などなど、さまざまな階級差が厳然と存在すると言われる。何回かヨーロッパを旅した。カフェやレストランで、これはこちらが東洋人だからかなと思うような、差別的な扱いを受けることがあった。その国の言葉が話せないというのもひとつの要因だろう。その類いのことには全くの無知だったから、最初にそういう扱いを受けたときは、何かに打ちのめされるように悲しかった。無知故に無防備だった自分に腹が立った。せめて初めて外国へ行く若い人たちに、そういうときの身の処し方を教えておきたいと思うが、これがなかなか難しい。シロスのカフェの出来事が差別的だったというのではない。「一見の客」と見越して、ぞんざいに扱われたのだろう。そう思いたい。

シロス修道院—フロミスタ　107・2㎞　1時間42分

サンタ・マリア・デル・カンポ　スペイン初のピンチョス

シロス訪問の目的は一つも果たされなかった。こういう片田舎の修道院はアクセスが悪いし、詳細な情報も得にくい。その町に一晩泊まるのが一番だとつくづく思う。

「また来いってことだよな」と、とりあえず納得させる。

さて、ここからは今日の宿泊地、フロミスタに向かうだけだ。およそ１００キロ、ひたすら走って一時間半。シロスからは道が少し複雑になる。iPadを取りだし、グーグルマップのオフラインに保存した地図を確認する。とりあえず来た道を引き返し、この近郊で最も大きな町レルマ(Lerma)を目指す。

シロスの町の外にでると、黒い雲が切れ、青空さえものぞいている。シロスに至る道の両側は放牧地だった。緩やかな斜面。その一面の牧草地は、早春の新芽が吹きだし、美しく手入れされた広大な芝の庭のようだ。しばし車を止めて眺めてしまう。

シロス修道院近くのBU-901をレルマ方面へ

レルマ方面へ向かう分岐路で［Lerma BU-900］の標識を確認し、難なくBU-900へ進入。レルマ郊外でBU-900からN-622へと左折するポイントも間違わずクリア。

このレルマだが、町を通過するとき右手の市街地の一番高いところに、黒屋根の尖塔を左右にもつ、美しい建物が顔を出していた。

スペイン帝国の黄金時代。当時、国王をしのぐ権勢をもっていたと言われる、レルマ侯爵所有の宮殿だった建物だ。また、遊び好きの国王が狩猟に行く別荘としても使われた建物だとか。今はパラドール・デ・レルマという国営ホテルになっている。できれば一泊したい町だ。心を残しながら通過。

レルマ周辺はよく開けた畑作地が広がる。遠くに小高い丘陵が平地を取り囲むように見えている。もう見慣れた風景だ。ビリャオスという小さな町でN-622と別れ、北上するBU-101をたどる。次の分岐点、サンタ・マリア・デル・カンポを目指す。快適な一本道がひたすら続く。

サンタ・マリア・デル・カンポの教会前広場に駐車

前方、小高い丘の上に、人家を従えた高い鐘楼のある教会が見えてくる。サンタ・マリア・デル・カンポの町だ。シロス修道院と、今日の宿泊地フロミスタまでのほぼ中間点にあたる。少し休むことにした。町の中心部の五差路で、さっき見えていた教会の方角にハンドルを切る。坂道を登りつめたところに教会があった。その前の小さな広場に駐車。街そのものはいたって普通の田舎町。教会はなかなか立派だ。扉の周囲に施された彫刻が目をひく。

教会への道を登ってくるとき、道の右手に小さな公園の

バール Café Bar Felix

ような空間があり、その横の店に、チョットお年を召した男性数人、ドアを開けて入っていくのが見えた。おそらくバールだ。行ってみることにする。

ガラスのドア越しに、六、七人のご老人がカウンターにたむろし、何やら楽しそうに立ち話をしているのが見える。他にお客さんは……いない。チョット勇気がいる。ドアを開けると、皆さん、いっせいにこちらをご覧になる。彼らの視線に耐えながら、カウンターへ向かう。

カウンターには、メガネをかけた四十半ばの女性がひとり。日本だとウィークデイの夜、体育館でバレーボールの練習にいそしむお母さん。そういう感じの骨格のしっかりした黒髪の女性がいた。

「ハロー」

「ハロー」ニッコリと返ってくる。

カウンターの上に、いわゆるピンチョスという、スペイン独特の小皿料理が何品か並んでいる。どれも丁寧に小ぎれいにつくられている。青唐辛子のピクルスもある。ドライブ初日、貯水池そばのレストランで出てきたやつだ。もう一度食べたいと思っていたので、すごく嬉しい。青唐辛子はキュウリのピクルスや青いオリーブの塩づけ、アンチョビとともに串にさしてあるのを一本。それから、ジャガイモの入ったスペイン風オムレツを一皿。パンを二種類。ひとつはイタリアのフォカッチャそっくりなパンを四分の一にしたものと、粉砂糖のかかったデニッシュを一個……ふと彼女の視線を感じる（カラー口絵6頁）。

「I'm very hungry」

ジェスチャーとともに笑いながら言う。空腹というより、休憩したくて寄り道したのだが、いざ美味しそうなものを見ると、猛烈に食欲がわく。彼女も笑う。気さくな女性だ。ピンチョスはどれも素材そのままの素直な味だった。今朝、日本のスーパーで買ってきたかのような、食感も味も違和感がない。最後に熱い珈琲をいただく。

しかし、スペインのバールは男性天国だなぁ。カウンター前の老人達はみんな顔見知りらしく、飲み物片手に、立ったまま円陣を組むように顔を寄せ、ひとしきりワイワイおしゃべりをした後、サッといなくなった。バーやカフェの常連というのは日本にだっているだろうが、常連同士がこれほど親密な関わりをもつというのは珍しい。行けば誰かれに会え、会話が保証された場所。立ったままというのがいいのだろう。スペインのバール文化。ちょっと羨ましい。

♪ Café Bar Felix　サンタ・マリア・デル・カンポのバール。ハイシーズンにはかなり賑わうようだ。

カストロヘリス　山頂の城跡で見たもの

再びBU-101を行く。ここから次の目的地、カストロヘリスまで道なりに進む。途中BU-101は終了し、BU-400という道にとって代わるが、名前が変わるだけ。そのままBU-400をまっすぐ行くと、カストロヘリスに至る。

カストロヘリスは巨大な「土まんじゅう」を置いたような、独特の形をした山を背後に控えた町だ。車で行くには格好の目やすになる。山の頂上に今は廃墟のお城がある。その山すそに家々がへばりつくように連なる小さな町だが、結構な数の宿泊施設がある。ここは、巡礼路の主要な宿泊地のひとつになっている。ここからはまた巡礼路に沿って走る。

サンタ・マリア・デル・カンポを離れると視界が開ける。緩やかにうねりながら続く畑作地を、道なりにひたすら走る。

空は雲が多いものの、ときおり日差しがもれてくる。車内はまたもやスタンダード・オン・パレード状態に。快適ドライブの証しだ。

今日は『酒とバラの日々』ばかりが口をついて出る。

『酒バラ』と省略形で呼ばれる『酒とバラの日々』。１９６０年代の終わりころ、神保町のＪＡＺＺ喫茶「響」でアルバイトしていたとき、さんざん聞いた。というか、聞かされた。ジャズデスク大賞だったかを獲得した、オスカー・ピーターソンの『We get requests』の

カストロヘリス。山頂にお城の廃墟がへばりついて

一曲で、いっとき、連日のようにリクエストされたレコードだったからだ。それを、オスカー・ピーターソンのダイナミックで歯切れのいい演奏そのままに口ずさめば、メチャクチャ、ハイになれる。もう何時間でも走れそうな気分だ。

というわけで、ノリノリのカラオケルームと化した車は、こんどばかりは道を間違えようもなく、順調にBU-400へと直進する。丘陵の隙間を縫うように何度か曲がると、ついに巨大な「土まんじゅう」が前方に現れた！　その頂上の右の端に、お城の一部のようなものが落ちそうにくっついている（カラー口絵8頁）。

「ワァーオ！」

かわいいような、可笑しいような、不思議と言えば不思議な光景だ。

お城の登り口。手書きの看板

周囲に広がる平坦な畑作地の中央に、巨大な手をした誰かが、まわりの土を掻きとり、真ん中だけ残しました、そんな感じで、そこだけ唐突に饅頭のような山が突き出ている。こちらも唐突に、山の頂上に登ってみたくなった。

ここまで来たら、今日の宿泊地フロミスタは目と鼻の距離。20分ちょいで行く。着いたも同然ではないか。気が大きくなる。

当初、立ち寄る予定になかったカストロヘリス。町へ登る道へと右折する。町の一番高いところに出る。そこに、小さな看板が立っている。明らかな手書きの看板。ペンキ塗りの看板に"CASTILLO"と読める黒の文字。白く太い矢印が天を指し「登れ」と言っている。

「ホンマかい?」

あまりにチャチな看板。指し示す道は未舗装の狭い道。ついその信憑性を疑ってしまう。

「悪いいたずらとチャウン?」

ネガティブな発言は関西弁になる。

しばし、躊躇。思案していたら、向こうから車が一台やってくる。狭い道なので、やむ

カストロヘリス。山頂の駐車場

を得ず頂上へ登る道へと車を移動させ、道を空ける。それで決心がつく。

　この道に関しての感想を先に申し上げよう。広い意味で心臓の弱い方、また血圧の高い方、それに雨の日は、決して、決して登られませんように。それから、すり減ったタイヤもダメです。冗談ではありません。えっ？　冗談とは思わない。ですか？

　意を決して、登りはじめる。車一台は十分通れる広さなれど、未舗装のしかも花崗土を敷いたような、ザラザラの道が続く。最初は緩かった勾配が、頂上が近づくにつれきつくなる。頂上直下と思しきところの、胸を突くような急勾配の上り坂に至る。胸がチクチク痛む。左は絶壁、道の真ん中は雨水に掘られた溝が深くついている。

「エエッー！　これ行くの！」

もう戻れない。溝にタイヤがはまらぬよう、絶壁の路肩に触れぬように行かねばならない。車の両輪が乗る範囲はごく狭い。道はざらついていて、急勾配の途中で車輪が空回りしそうに見える。少しでもアクセルを緩めたら、ズルズルといっきに車が後退する。シフトをセカンドに入れ、しっかり路面をつかまえ、アクセルを踏み続ける。途中で止まったらという、考えるだに恐ろしい妄想を克服しつつ登りきった。ハァー。

カストロヘリス城の内部

そのあとはご褒美のように、平たんな頂上の道に出た。麓の案内板には、ホントにだまされたんじゃないかと思ったが、頂上には車が相当数止められる広場があったから、真面目な案内板だったんだと思う。
ちなみに、この急勾配、下りはもっと恐ろしかったことをつけ加えておこう。
さて、頂上に車は我がゴルフのみ。お城は一部を断崖に沿うように建てられている。そのほとんどは残っておらず、ごくわずかの壁面や床などが残っているのみ。おそらく人の手で破壊されたのだろう。お城へは城壁にある小さなアーチ形の入り口から入る。見学無料、出入り自由。さびた鉄製の手すり伝いに、高所恐怖症の方にはチョットつらい絶壁を右手に見ながら行く。壁のアーチ形の入り口をくぐる。

「ン?」

入り口をくぐる瞬間、誰かに首筋を撫でられた気がした。なんか、やたら空気が重い。垂れこめたグレーの雲のせい……かな?

内部は想像よりはるかに狭い。屋根はなく、一部に鉄製の展望台が設けられている。そこに登り周囲を俯瞰する。道路を走っていたときには気がつかなかった小さな集落が、農地の中に点々と見える。

眼下の大地の、無駄なくすみずみまで耕されているさまがすがすがしい。恐らく麦畑。芽が出たばかりの緑が、濃淡を描いて一面に広がっている。日本の水田の広がりも美しいが、一面の麦畑も負けず劣らず美しい。

お城の真下に美しい教会とそれを取り囲む集落がある。二十戸ほどだろうか、石造りの家々のたたずまいに落ち着きがある。こういう光景を人はメルヘンの世界と言うのだろう。今朝出発したブルゴスから西に向かって徒歩で巡礼路をたどると、眼下の麦畑の中を歩いてこのメルヘンの集落を通り、カストロヘリスに至る(カラー口絵3頁)。

農地の向こうに、延々と連なる丘陵が見える。カストロヘリスもまた丘陵に囲まれたくぼ地の中にある町だ。丘陵の一部に風車が何十基も立ち並んでいる。この一帯に相当な風が吹くのだろう。丘陵は樹木らしきものが見えない。長年の強風に表土をはがされたのか、まるで岩の砦のようにも見える。まわりを取りかこむ丘陵がなければ、人も麦も家も風に飛ばされまいと大地にしがみつき、力ずくで立たねばならないだろう。

かつての塔へ続くと思われる階段へ向かう。人がやっと通れるくらいの、石壁に覆われた階段室だけが残っている。その先は崩壊し外部に開いている。そこに鉄製の手すりが見える。どうやら残ったお城の一部を生かした展望台がさらにあるようだ。展望台まで、真ん中だけ弧を描くようにすり減った石段が連なっている。

「登ってみるか」

眺望は今いる場所とそう変わらないと思ったが、来たんだからと登ってみることにした。ところが、階段に一歩足を乗せようとするのに、足が凍りついたように動かない。なんだかゾクゾクする。石段をのぼりおりする人の足音が……ホントは聞こえなかったのだが。

「だれか埋まってる！」

階段の両側の分厚い石壁の向うに、人が埋まっている！　ホントは埋まっていないと思う。でもそう思ったら最後、体が動かない。長居をしすぎた。車に戻ると、さきほどのあれは何だったのかと、嘘のように心が落ち着いた。見えないものが一番怖い。

しかし、頂上直下のあの急坂を下りるのは、この百倍もゾクゾクした。まるで死のダイビングのようであった。見えたらもっと怖いものもある。

フロミスタに向かうBU-403への分岐点ラウンドアバウト。
奥にカストロヘリスの山頂が見える

着いたぞフロミスタ

BU-400に戻る。数分でフロミスタに向かう道路、BU-403とのラウンドアバウト状分岐路に至る。そのラウンドアバウトの中に、石積みの上に立つ十字架がある。BU-403に入ると右手に、［FROMISTA 22 SANTIAGO DE COMPOSTELA 497］と書かれた、大きな道路標識が立っている。

「サンティアゴまで４９７キロかぁ」

今回の全走行距離はおよそ１０００キロだった。この時点で距離的にはほぼ中間地点にいたわけだ。

ここからはBU-403、432と、緩やかにうねる畑の中の一本道をたどる。カストロヘリスとフロミスタをつなぐ徒歩巡礼路に最も近い車道になる。

片側一車線。道はいい。路面に大きな円で囲まれた70という数字が見える。

ちょっと遠慮気味のおよそ90キロで快調に走る。車は一、二台すれ違っただけだったが、

「速度制限70キロってことは、まぁ、皆さん100キロだな」

BU-432に入ったあたりで、後続の車に一度追いぬかれた。追いぬいて行った車は、あっという間に小さくなる。車は狂気のごとくに走る。かくいう私も、高速でもないのに、90キロだとなんかジリジリしながら走っているのだから、慣れとは恐ろしい。

道中に何だか由緒ありげな石の橋があり、そこだけ交互通行の信号機がついている。ヨーロッパの田舎道ではよくある風景だ。その古い石橋が、よくぞ残してくれた、というくらい美しかったりするのも、田舎道の楽しみだ。まぁ、石だから、残したというより残ったんだろう。

この橋、グーグルマップではPuente Fitero。フィテロ橋という名前が確認できた。下を流れる川はピスエルガ川。カストロヘリスを出た巡礼路は麦畑を通って、この橋でBU-403と交差する。徒歩巡礼の人々は、暑い日には川沿いの木陰で休み、河原で水を浴び、英気を養うにちがいない。橋を渡った巡礼路は車道からは大きく離れ、フロミスタに至る。

橋のたもとから、カストロヘリス方向を向くと、畑の中に一本の道があり、そこに小さな小屋のような建物が建っているのが見える。遠目には小さな小屋にしか見えないのだが、よく手入れされていて、美しい建物だなぁと。実は、サン・ニコラスという礼拝堂であり、

巡礼の宿、アルベルゲにもなっている。今思うと、徒歩でも行っておけばよかったと後悔する美しい小屋だった。

フロミスタの町が見えてくる。町に向かう道、BU-431に右折すると、右手に運河の遺構があった。見学は明日にして、とりあえずホテルに落ち着くことにする。

フロミスタは古くから巡礼路の町として栄えた歴史ある町だ。かつての隆盛を示すものは、サン・マルティン教会があるのみ。今は徒歩でもすぐに抜けてしまいそうな、人口1000人にも満たない小さな町だ。ちなみに今朝立ったブルゴスから徒歩だと、最短距離でおよそ65キロ。一日20キロ歩くとして、三日はかかる。

ホテル前の広場に駐車。ホテルといっても看板がなければ、普通の民家に見えなくもない個人経営のホテル。日本のペンションに近い。六十代に見える愛想のいい女性がホテルの女主人のようだ。珍しく英語を話す。小学校を退職した先生のような雰囲気。二階までキャリーを運びあげてくれる。部屋はイギリスカントリー風の花柄満載のインテリア。窓から広場に止めたワーゲンゴルフが見える。なんか安心。快適に眠れそうだ。しばし休憩。

少し早めの夕食に出かける。ホテルで教えられたレストランはすぐにわかった。先客が一組いるほかは、ひっそりしている。ビニールクロスのかかったテーブル席。何もかも簡素な片田舎のレストラン。そんな風情の店内。カウンターにレストランの主人らしき男性が一人。五十代後半くらいか。オーダーを取りに来たのは、まだ子供といっていいくらいの女の子だった。少し英語が話せるようだ。彼女、肌の色をいえば、白人でも、東洋系でもない。といって、アフリカ系でもない。余計なお世話だが、カウンターの主人との関係が気になる。

「飲み物は？」と聞くので、とりあえず赤ワインを頼む。

メニューはスペイン語と英語が併記されている。前菜の欄に、豆の文字が見える。前菜は決まり。今日は肉を食べよう。チキンの煮込みのようなことが書いてあるものをメインにする。

運ばれた赤ワインとパンをいただきながら、待つことしばし。白インゲン豆を煮こんだ一皿がやってくる。お皿から豆がこぼれそうだ。これが美味しい（カラー口絵6頁）。

豆はふっくら柔らかく、甘みがある。これにソーセージのようなものが数種類紛れている。真っ黒の輪切りのも数個ある。イギリスの朝食につく、ブラックプディング。いわゆる血のソーセージによく似ている。ソーセージの中身は、国や地域によってさまざまなようだが、唯一共通しているのはその名の通り、豚など家畜の血液だ。それゆえ、血のソーセージには特有の風味があるのだが、品質の悪いものだと生臭さが勝って少し食べにくい。それが豆の煮込みに入っている。ワッ！　と思ったが、食べてみるとそういう臭みは微塵もない。ソーセージ類から出るほどのよい塩味とうま味が、豆そのものの甘みを殺さず、美味しくできている。

「フ〜ン、そうなんだぁ」妙に感心しながら完食。

後で調べたところ、黒いのはやはり血のソーセージの一種で、スペイン語でモルシージャというらしい。スペインではそのまま食さず、乾燥させたものを調理するようだ。乾燥することで日持ちもするだろうが、癖のある味がマイルドになるのだろう。

ホテルの女主人が言った通り、いいレストランだった。

外は夏時間のお陰で、まだまだ日が高い。町をブラっと散歩する。小さな日用品を売る店がある。パン屋らしきものもある。巡礼路という必然のうえに、かろうじて成り立っている小さな町。日常の暮らしは非常に簡素に見えた。

徒歩巡礼と思しきカップルが夕食に向かうのか、通りを横切っていく。町は静かだ。今夜はよく眠れそう。

◆宿泊ホテル　Hostal Camino de Santiago ★ ツイン 48€　一泊一部屋
全室バスタブなし。清潔で居心地よく、町のメインストリート沿いなのでアクセスしやすい。

♪ Café Bar LA PLAZA
スペインのレストラン格付けの、フォーク一本から五本のうちの、フォーク一本のレストラン。フォークの数は設備、内装、営業形態等の総合評価だそうで、フォーク二本が一本よりおいしいとは限らないとか。

五日目　３月28日（火）　今日の走行距離　１７０・４㎞　所要時間　2時間26分

フロミスターサアグン（Sahagun）　63・85㎞　1時間00分

ところで、スペイン人ってチャンと朝食をとる国民だっけ？

今日はおよそ１８０キロほどをひたすら走る日だ。

まずは朝食。しっかり腹ごしらえをせねば。意気込んで下りたホテルの食堂。テーブルにつくと、昨日の女主人がやってきて、ひと通りの説明をする。壁際に並べてあるものを何でも好きなだけどうぞと言う。そう言われて困惑する。スーパーの食料品そのままの、どう見ても安価なパンとチーズとクッキー類、それにカップ入りヨーグルト。オレンジジュースもあったかなぁ？　あとはなぜか大量のレモンとオレンジ。いつもは記録のための写真を撮るのだが、その気も失せる「超」がつく質素さ。ここで調理したものは何もない。スペインに来てからずっと感じている疑問。スペイン人って、朝食をキチンととるのかな？

「日本で朝食にこんなもの出したら、ホテルはつぶれるぞ」

つぶれるかどうかはともかく、手抜きとネットで酷評されるに違いない。どんなに忙し

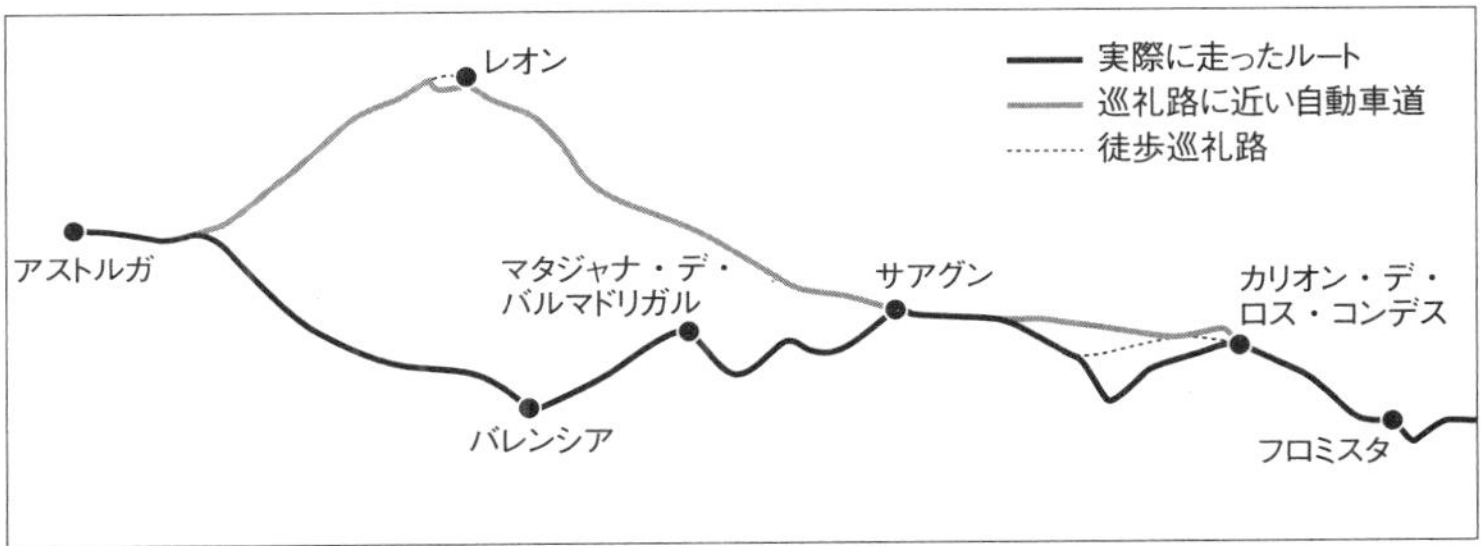

5日目の行程　フロミスタ—サアグン—アストルガ

くとも、御飯とみそ汁くらいは温かく、という食文化のある日本。こんなホテルが日本にあったら、いくら安くとも、二度と泊まりたくないと思うだろう。

とりあえず食事をしていると、ニコニコと女主人がやってくる。愛想よく気さくなのが取り柄の女性だ。宿泊費を書いたメモ用紙を持ってくる。今から出かけるので宿泊費を払ってほしいと。いいけど……部屋も食堂も好きなだけ使ってくれていいと言う。それはあり難いが……表の鍵は開けっ放しでいいって……そういう町なの？　フロミスタって。

彼女、領収書を持ってくると上機嫌で行ってしまった。食堂には先客の男性と二人取り残される。なんだか気まずいので、こちらが口火を切る。

「Good morning」

「Good morning」と返事が返る。

こちらの身分を明かし、スペイン人かと聞くと、ドイツから来たという。スペインの朝食は簡素だという話や、英語が通じないで苦労していることなど、当たり障りのない会話を

運河の遺構

フロミスタのサン・マルティン教会

する。自転車で巡礼路をめぐっているらしい。やがて食事が終わると、そそくさと食堂を出ていった。

食後、カメラ片手に散歩に出る。すぐそばに、サン・マルティン教会がある。小さな町フロミスタに似つかわしくない立派な教会だ。およそ千年前の創建とか。ロマネスク様式の建築が、ほぼ原型通りに残されている教会として、ヨーロッパを代表するものらしい。

後のゴシック様式に比べるとずっとシンプルな外観。壁面の簡素だが連続する幾何学的な装飾が美しい。折からの桜が、少し黄色がかった石組みの壁に彩りをそえている。

内部は床の改修工事中のようで、椅子が取り払われた礼拝堂に小型のショベルカーが入り、床の土がむき出しになっている。それぞれの時代に加えられた修復をほうふつとさせる。

町の郊外の、運河の遺構まで車を走らす。ずいぶん立派な運河だ。十八世紀に羊毛の価格が高騰し、それを運ぶための運河がつくられた。結局、完成前に羊毛の価格が下がり、建設中止になったんだとか。そんなに簡単にやめちゃっていいの？　運河の建設には相応な時間がかかるのは明らか。その間に羊毛の価格だって下がるかもしれないと思わなかったんだろうか。運河の建設費も相当だと思うが、その費用と運ぶつもりだった羊毛の総量とを天秤にかけた人はいなかったのかなぁ。残っている運河が立派なだけに、何だかチグハグ感はいなめない。

ホテルに戻る。「お好きなだけどうぞ」という女主人の言葉に従う。食堂のコーヒーをもう一度いただき、ペットボトルに必要量移す。空のペットボトルは常に携帯すべしだ。日本のようにコンビニや路上の自販機がないので、水一本買うにも食料品店やスーパーなどを探さねばならない。チョット面倒だ。食堂のクッキー類、オレンジとレモンを一つずついただく。ナイフはないからレモンは運転しながら香りだけかごう！

巡礼路が並走する道　フロミスタ―カリオン・デ・ロス・コンデス―サアグン

昨日は曇りがちだった空も、今日は明るい。薄日が差しはじめ、日もだいぶ高くなってきた。部屋も食堂も十分使わせてもらった。出発しよう。

今日は iPad のジャズでいく！

まずは、P-980 をとる。ホテル前の広場から右折し、フロミスタ中心部の四差路へ。昨日町に入った道 BU-431 が交差点から P-980 に変わる。そこから、フロミスタの北西に位置するカリオン・デ・ロス・コンデスという町に向かう。およそ20キロ、20分。徒歩だとおよそ4時間。フロミスタからは標高差70メートルほど下る。

P-980に入ると、巡礼路が車道と並走する。車の進入を防ぐように、青に黄色のホタテ貝の印のついた石の道標が、門柱のように二本立っている。車道も巡礼路も胸が空くほど彼方までまっすぐに伸びている。巡礼路には何人かの徒歩巡礼の人たちが歩いている。今日一日のピクニックという風情の軽装の人もいる（カラー口絵8頁）。

フロミスタを離れると周囲はどんどん開けてくる。途中、いくつか小さな町を通過。教会とそれを取り巻く小さな集落それぞれに、数軒の巡礼の宿がある。道はどこまでも真っすぐ！　長い下り坂に入ると、突き当たるところに、少し大きな町が見えている。カリオン・デ・ロス・コンデスだ。周囲は畑がどこまでも広がっていて、どうやら丘陵地は脱したようだ。

カリオン・デ・ロス・コンデス市街地の東の端でP-980を右折し、N-120へのアクセス道路に入る。そこからN-120をたどれば、自動的にサアグンに到達する。

サアグンには、サン・ベニート修道院という、創建が日本の平安時代初めころに相当する修道院がある。そのファサード、一般的には西洋建築物の正面のことだが、教会や修道院建築の正面の壁面と思っていいかな？　つまり正面の壁だけが残っている。かつて背の高い木製のドアがあったと想像できる壁の空洞を、今は車道が通っている。ファサードそのものは後代のものらしいが、壁面の装飾がよく残されていて、市中への華麗な入場門という風情だ。

サアグンは古代ローマ軍の常設キャンプから発展した町らしいので、歴史は古い。今は残された修道院の遺跡や、いくつかの教会の建築物に、その繁栄のよすがを偲ぶのみだ。通り道なので休憩も兼ねて寄ってみることにする。

サアグンに向かうN-120。とにかく車が通らない

N-120は片側一車線の、日本ならばおそらく国道に相当する道。どこまでも広がる畑。昨日とは打って変わって空も高い。穏やかな春の陽光のなか、ジャズを聴きながら行くには絶好のドライブ日和だ。N-120はまた、長い直線が続く道路。車のスピードメーターが簡単に100キロを超えてしまう。

「チョット、調子にのるなよ」

いましめながらいく。

一直線の一般道。日本だと警察車両が物陰でカメラを構え、速度違反の取り締まりをする。自宅近隣の道で違反切符をいただき、これまで数万円をお納めした。１００キロを超すメーターを見て、その記憶がよみがえる。つい道の左右をキョロキョロうかがう。スペインのドライバーはそんなこと、露ほども考えていないらしい。１００キロで走っていても追い越していく車がある。「ネズミ捕り」なんて言葉は、「飲酒運転」という言葉とともに、スペイン語の辞書にはないらしい。

［Leon Sahagun LE-232］という標識が立っている分岐路がサアグンへの入り口だ。LE-232に出る。そこからN-120上の陸橋を渡り、サアグン市街の西の端を周回するように取り囲む道をとる。

サン・ベニート修道院ファサード

ほどなく、ほんとに入場門のように、前方にファサードが見えてくる。その前後の道路と近くのサン・ベニート広場周辺は駐車可のようだった。ファサードに近い路上の空スペースに駐車する。

ファサードの横には、古い時代のサン・ベニート修道院の建物が保存されている。風雨の侵食を防ぐためか、黒い屋根が取りつけられている。周囲をぐるりと回ってみる。鐘楼が比較的よく残っている。少し赤みを帯びた黄色の石や、白い石などが壁面を規則正しく埋めている。レンガのようにも見える表面が、時を経て適度に削れ、柔らかな印象を与える。きな粉をまぶしたお菓子みたい。

修道院の裏には、さらにサン・ティルソ教会という教会がある。これもまた美しい教会だ。フロミスタのサン・マルティン教会のような、ロマネスク様式の円い壁面と、どことなくオリエントの香りただよう四角形の鐘楼。スペインは古代ローマのあと、イスラム勢力の支配を長い間受けた国だ。教会の建築様式にも、かつてのサアグンに多様な人々が暮らしたことを思わせる。

車を止めたところには、もう一つ修道院がある。Santa Crozと読める。ここは徒歩巡礼者用の宿泊施設を併設しているようだ。その建物と車道の間に長方形の石のベンチがあった。ベンチの下に、人のような、猿のような彫刻が施されている台座がある。かなり風化が進んでいて、苔のようなものも生えている。その動物の横顔が、パリのノートルダム寺院の鐘楼から、モンマルトルの丘を見ている怪獣にそっくり。ヨーロッパ建築の装飾によく見る、人と獣をあわせた想像上の生き物だ。けれどここのはノートルダム寺院のやつらほどの迫力はなく、うつむき加減にひたすら重い石のベンチを支えている。その姿が健気だ。つい感情移入してしまう。

ベンチの台座を支える人獣

「いつからそうやってるの？」

ひざまずいて顔をのぞきこみ、思わず日本語で質問。ちょうど通りかかった小柄な白髪の品のいい老婦人が、その怪獣を見て微笑んだ。買い物や所用でここを通るのだろう。彼女も通るたびに同じことを思うに違いない。彼女のまわりにだけ、柔らかな春の風が吹いたような気がした。スペイン語が話せたら……このときほど、そう思ったことはない。

サアグン（Sahagun）―アストルガ　106・5㎞　1時間26分

巡礼路としばしの別れ　ガソリン入れておこう

再びN-120に戻る。一般的な巡礼路はサアグンから北西に進路を取り、ローマ時代からの古都レオンに向かう。ちなみに、パンプローナからサンティアゴ間で、徒歩巡礼路に沿って走る道路ナンバーが付いた道路としては、このN-120が最も長い。沿うといってもピッタリ並走するというより、ついたり離れたりという具合だが、ログローニョの西から発生するN-120は、巡礼路上の町々をつなぎながらサアグンに達する。

こちらはしばらく巡礼路とお別れし、地図上ではサアグンのほぼ真西に位置する、今日の宿泊地アストルガを目指す。

サアグンを離れると畑作地はさらに真っ平らになる。遮るものは彼方の地平線から湧きあがる白い雲のみ。二十分ほど快適なドライブを続ける。N-601という別の国道に突き当たる。この三叉路でN-120はN-601に吸収される。

N-120に別れを告げ、N-601に右折。北に向かって一直線に伸びるN-601。このままいけばレオンに到達する道でもある。こちらはマタジャナ・デ・バルマドリガルという小さな町の手前で、LE-521というローカルな道に左折する予定だ。この町名をスペイン語で書くと、Matallana de Valmadrigal。100キロ近いスピードで走ったら、道路標識にそう書いてあっても、日本人の目では読みとれない。左手にあらわれるガソリンスタンドが目標だ。

遠目にもガソリンスタンドはすぐわかった。ガソリンはまだ十分に残っているが、スタンドがあるところで満タンにしておこう。店内に入る。パソコンの画面と首っぴきの若い男の子がひとり、店番をしている。黒髪・黒い瞳のイケメン君である。率直に嬉しい。

「Hello!」

「Hello!」英語で返ってくる。

「ガソリン、お願いします」英語で言う。

もちろん、と言って手まねで自分でやれという。英語を話すのは少し苦手のようだ。

「ＯＫ」

給油機のところへいったん行ってみる。店内に舞い戻る。

「ン?」という感じで、彼がパソコンから目を上げる。

「どうやっていいかわかりません。助けていただけますか」と英語で、できる限り丁寧にお願いする。

彼が苦笑しながら、給油機まで来る。レギュラーガソリン。ビルバオのヨーロッパカーのお姉さんに確認したから油種はこれでいい。給油機が相当古いようで、肝心のレギュラーガソリンのノズルがどれなのか、イマイチ判別できなかったのだ。彼がゴルフの給油口の扉を開け、裏に張ってあるシールで色を確認し、目の前の給油機のノズルのうちの一本を指し示す。が、このおばさんアブナイ、と思ったのか、結局彼が給油してくれ、給油は無事終了。

再び店内。料金を払う。結構高い。食べるものの安さに驚愕し通しだったから、よけい高いように感じられる。いざ出発。と思ったんだけど、再び店内に舞い戻る。

「今度は何?」といいたげな眼でこちらを見る。

「あの、すごく申しわけない。でも、トランクルームの開け方がわからないんだけど……あなた、知ってる?」

またも苦笑しながら見てくれる。彼もワーゲンゴルフは初めてのようで、あちこち触ってみるものの開かない。

「もう十分よ。ありがとう」

彼自身の好奇心が勝るようで、なかなかやめない。そのうち唐突に、パカっと開いた。トランクルームのドア中央のＶＷと書かれた円いエンブレムを押すんだったかな？　それで開いたと、彼が身振りで嬉しそうに教えてくれる。これでトランクルームにキャリーが仕舞える。ホントにありがとう。丁重に礼をいう。エンブレムかぁ。飾りかと思ってました。

北メセタを走る醍醐味　駆け抜けたスペインの大地には金塊が眠っていた

ガソリンスタンドのイケメン君に別れを告げ、再びN-601へ。これから左折するLE-521は、給油したマタジャナ・デ・バルマドリガルから、近郊の町バレンシアに至る20キロたらずのローカルな道だ。ちなみにこのバレンシアだが、スペイン第三の都市、オレンジにその名を冠する地中海に面したバレンシアとは、似ても似つかぬ小さな田舎町である。

ガソリンスタンドを出てN-601を走り始めると、前方左手に真っすぐ伸びるLE-521と思しき道路が見えている。N-601との三叉路の標識を確認し、LE-521へ左折。

このLE-521は今回走ったスペインの道路の中では、スペインの大地を駆ける醍醐味を、存分に味わわせてくれる道路だった。

LE-521へ入ると、はるか開けた視界の中に、定規で引いたような直線の道路が彼方まで伸びる。広大な畑の一本道。見えるのは天と地のみ。あぁ、ホントは通信用アンテナのような鉄塔とか、途中一個だけあった小さな集落とか、ないこともない。でも……対向車は来ないし、後続車もバックミラーに見えない。綿のような大小の雲が点々と浮かぶ青空。耕作が始まる前の早春の畑は、遮るもののない大地そのもの。その文字通り天と地の間を、我がワーゲンゴルフは疾走する点のごとくに駆ける。運転もジャズもノリノリ！　ワーゲンゴルフに羽がついていたら、絶対青空に向かって飛んだと思う。

「このためだったんだ！」

運転しながら思わずそう叫ぶ。

サンティアゴ巡礼路を見てみたい。その好奇心から始まったこの旅。まったく白紙の状態から、グーグルマップと首っぴきで、迷わずに走れ、可能な限り巡礼路に沿うローカルな道を選ぶ作業。限られたスペイン滞在日数。一日の走行距離に設けた上限。さまざまな難問をクリアしながら、今走っているルートをつくっていった。

「もうスペインに行かなくていいじゃん」

ため息とともに、何度もそう口にしながら調べ倒し、試行錯誤を繰り返したそれらの日々。ハンドルを握りながら、それが今日につながっていたことを実感する。

ひときわ視界が開ける場所に至る（カラー口絵5頁）。

「ワ〜オ！」

駐車できる場所を見つけ、車を止める。カメラ片手に車を降りる。土を踏んで両足で立つと、足元の地面の広がりがとてつもなく広大なのが実感できる。はるか大地が尽きるあたりに、冠雪した山塊が春霞の中にうっすら見える。イベリア半島の北部、海から要塞のようにそびえるカンタブリア山脈。そのピークの山塊かもしれない。その山塊と足元の大地との間に、天を流れる綿のような雲が、いくつもの影を落としていく。

写真を何枚か撮る。カメラのフレームに切り取られた大地は、隅々まで人の手が入っている。改めて目の前の広大な畑を見る。観光国スペインのキャッチコピー「情熱の国」のイメージは、この大地からは微塵もうかがえない。勤勉で実直な人々の手が見える。大地にいったん人が手を加えたなら、加え続けなければ荒廃が待つのみだ。この大地には、注ぎ込まれた農民の膨大な労力と意志が、金塊のように眠っている。

「そういう国だったのか、スペインも」

我が故郷、新潟は越後平野。そこに広がる広大な水田が、目の前の大地に重なる。心が和む。

メセタセントラル

今日の宿泊地、アストルガを含むカスティーリャ・イ・レオン州は、スペインの十七の自治州のうち最大面積を誇る。北にカンタブリア山脈を背負い、南はセントラル山系という複数の山脈に縁どられ、その中央に広大な平原が広がる。南セントラル山系のさらに南にはマドリードに始まり、カステーリャ・ラ・マンチャ州へと広がる平原があり、それがラ・

マンチャ州の南に横たわるシエロ・モレーナ山脈まで続く。その南のシエラ・ネバダ山脈は地中海に落ちる。この二つの平原を東で遮るのが、ピレネー山脈の西を南北に走るイベリコ山脈。

これらの山脈に囲まれた、標高７００メートル前後の二つの広大な台地。それがメセタセントラルと呼ばれる赤土の高原である。イ・レオン州を中心に広がる高原が北メセタ。ラ・マンチャ州を中心に広がる高原が南メセタ。スペインのど真ん中にそれらがドッカとあるわけだ。

イベリア半島の国スペインは、国の周りがすべて山で縁取られている。地図で見るとそういう印象だ。内陸にはさらに幾重もの山脈がある。最も広い平原が標高７００メートル前後の高原だ。ビルバオから車で走り出して以来、来る日も来る日も山ばかり見て走った。スペインは「情熱の国」ならぬ「山の国」なのだ。納得。

「イケメン君ガソリンスタンド」から走ったLE-521のドライブは、「山の国」の内陸に広がる、北メセタのド真ん中を走っていたわけだ。非常に納得する。

正確に言えば、北メセタのド真ん中は、地図で見る限りは、もっと南のパレンシアとバリャドリードのあいだあたりです。ガソリンスタンドからバレンシアまで走ったLE-521は、むしろ北西の端にあたる。実際は広大な北メセタの端っこをかすめたに過ぎない。

それでも十分だった。いつか北メセタのど真ん中を走ってみたい。

しかし、高原の台地メセタは、内陸の乾燥した、どちらかと言えば痩せた土地だろう。水田の広がる我が故郷越後平野は、信濃川がつくった肥沃な土地だが、川の土砂が堆積した土地ゆえの苦労がある。それぞれの大地を農地に変える知恵は、長い営農の歴史の中で培われ、我々は今、その先人の努力の恩恵を受けている。培われた知恵の歴史と費やされた努力の膨大な時間は、メセタも越後平野もその農地の広大さを目の前にして初めて、この目で見ることができる。

スペイン語を一言も話さずにレストランで注文する方法

LE-521はバレンシアの町に入る。入ってすぐのラウンドアバウトを左折する。このラウンドアバウトがLE-521の終点だ。二つめのラウンドアバウトで右折し、CL-621をとる。

無事CL-621に入る。この町で昼食をとりたい。駐車できる場所を探しながら行くと、右手に広い空き地が見える。空き地は崖の下にあり、上にお城が見える。車を止め、駐車場についている広い階段を上ると、お城と公園が整備されていた。

公園の近くにレストランがあった。もう昼食の時間は少々過ぎたので、数組の客がいるだけ。窓に近い席をとると、ちょうど背後に当たるテーブルで、三十から四十くらいの男性二人が食事中。二人のテーブルを見ると、何やら美味しそうなものが並んでいる。こちらに背を向けて食事中の彼のお皿には、明らかに豚肉を使った料理がのっかっている。

中華の青椒肉絲の「青椒」を除いて「肉絲」だけにしたような、細切りの豚肉がつやつやと色よくソースと絡まり、きつね色に揚がったフライドポテトが、これまた美味しそうに彩りを添えている（カラー口絵7頁）。

これにする！

ほどなく女の子が注文を取りに来る。まず、水を注文。スペイン語も水くらいわかる。アグア。水は炭酸ガス入りとガスのないものとある。

「ノンガス、プリース」

「アグア　ナチューラル？」

と、彼女が聞いてくる。そうそうナチューラル。ミネラルウォーター、つまり天然水ってわけだ。メニューをもらって、一応目を通す。英語の併記はなかったと記憶。野菜サラダを頼もう。サラダは ensalad なので、およそサラダとわかる。スープも sopa なのでそれらしい。後は皆目わからない。

さて、いよいよ注文。まずはサラダ。サラダメニューの一番上の段を指さす。一番シンプルなサラダに違いない。

「A～nd」

英語の and をチョット誇張気味に言ってから、肩越しに後ろの男性の皿を指さす。

「○×□＊＊？」彼女の問いに、ニッコリうなずく。もちろん、意味不明。

「〇×※△※?」再びニッコリうなずく。

「〇×※△?　〇×□※?」

どうやら彼の料理はいくつか種類があるらしい。再び彼のお皿を肩越しに指さしニッコリ。

後ろの二人は食事と会話に夢中で、彼女とのこの密やかな攻防にはまったく気がついていない。それをいいことに、もう何を聞かれてもひたすらニッコリと、後ろの彼のお皿を指さし続ける。ついに彼女が根負けして、少し迷惑そうに笑いながら、注文票にオーダーを書き込む。

化粧っ気のない顔にメガネをかけた彼女。やたら愛嬌を振りまかない。というか、そういうことを知らないというふうに見える。不愛想といえばそうだ。年は二十をいくつかでたところか。農耕地帯の中の小さな町バレンシア。彼女の年頃の女の子が暮らすには、退屈な町だろうということは容易に想像できる。

この町で暮らせという両親の勧めに、あえて反対する理由もみつからずにこの町で生きている。そういう印象の子だ。彼女の揺れぬ視線が、欲しいもののいくつかをあきらめたら、この町で穏やかに暮らしていけます、と語っているような気がする。

そのうち、この町の「パウロ」と結婚し、子どもを育て、生涯をこの町で暮らすのだろうか。それとも、今日のように穏やかに晴れた日に、突然、このレストランからもこの町からも姿を消してしまうのだろうか。感情を表に現すことなく、淡々と働く彼女の後姿を見ていると、なんとなく、その行く末が気になった。

彼女が料理を運んでくる。後ろの彼とまったく同じものだった。

「グラシャス」

食べたいと思うものが食べられるのはほんとにありがたい。心から礼を言う。「肉絲」のほうはさすがに中華味とはいかず、シンプルな味だったが、まずまずであった。とりあえず、温かい食事と熱い珈琲の昼食がかなった。

えッ？「スペイン語を一言も話さず、レストランで注文する方法」ですか？誠実かつ諦めず、自分の意思を伝えること。ただし、他人のお皿をあからさまに指さすのは、もちろん重大なマナー違反。エッ？私が誠実だったかですか……それはわからない。

着いたぞアストルガ　着かなかったぞホテル・スパ・シウダド・デ・アストルガ

CL-621に戻る。北西に延びるCL-621はここからおよそ40キロ先のオスピタル・デ・オルビゴという町の入り口で再びN-120に合流する。これはレオンから始まる別名「レオン・アストルガ自動車道」のN-120。どういう原則で道路ナンバーがつけられるのかはわからない。ともかく、イケメン君ガソリンスタンドの手前でN-601に吸収されたN-120と再会することになる。その後はアストルガ市内の東を通るN-120aというローカルな道を行く予定だ。

N-120aに入る。アストルガ駅に通じる鉄道にかかる陸橋を渡ると、アストルガの市内だ。着いたぞ！　アストルガ!!

旧市街に入ると、車が急に増える。春の午後の幾分強くなった日差しの中を、人々がワサワサと行きかっている。我が日本の田舎町では、日曜の賑わい、いやいや祭りの賑わいだ。今日は何曜日だっけ？　などと余計なことを考えたら、ホテル前につながる道を一本間違え、ホテルの裏の道に行ってしまう。間違ったと気がついたが、行く手の一方通行や進入禁止を示す道路標識を避けて車を進めるうちに、もうどこを走っているかわからなくなる。アストルガは小さな町だが、こうなると、小さくてもヨーロッパの旧市街は手に負えない。

小さな広場に至る。その近くの少し幅の広い道路の端に車を寄せる。iPadを取り出し、保存してあった地図を開く。開いても旧市街特有の細い道が入り組んでいて、どれが車道なのかすらもわからない。

もう一度車を動かし、目の前の道路をたどってみる。標識通りにたどると、グルっと回って元の広場に舞い戻る。

ホテルの方角はわかっていたので、今度は徒歩で道を確かめてみる。石の壁が迫る、裏路地のようなところを抜けていくと、ホテル前の道路に出た。

ホテルのフロントで、事情を話し、市内地図をもらう。

「あんまり役に立たないと思うけどねぇ」

フロントのエマ・トンプソンを少し丸顔にしたような、でもずっと歯並びの美しいお姉さんが、笑いながら観光地図を一枚くれる。確かに、観光地図は役に立たない。

車を止めた路上にもどり、思案することしばし。こうなったら、土地の人に聞くしかない。

車を止めたのは、町の北の端、鉄筋の集合住宅が建っている場所だった。ちょうどその出口から一人の男性が出てきた。手にテレビでも入っていそうな、家電の段ボール箱を抱えている。四十をいくつか出たという風情。通りの反対側を歩いている別の男性と、何やら大声であいさつを交わす。その様子が人畜無害そうで、なかなかいい。彼に聞くことにした。

「Excuse me?」スミマセンと声をかけると、「Yes?」と英語で返事が返ってくる。ラッキーである。これまでの経緯をかいつまんで説明し、ホテルでもらった地図を見せる。それをしばらく眺めてから、段ボールを片手に持ち替えた彼は、空いた手の指で、目の前の道路を地図上でたどる。

それ、一周してここへ戻るんだけどなぁ。

彼もそれに気がつく。iPadを開いてグーグルの地図を見せる。それを見て彼が言った。

「ナビはつけてないの?」

妥当な質問である。

「チョット待ってて。僕これを置いてくるから」

しばらくして、手ぶらで戻った彼が地図をもう一度見てから言う。

「君一人じゃ無理だ。僕が助手席に乗って案内するよ」

エッ！

「Oh.....Oh. Thank you. But I think that's too much for you. You look busy. So I'll try it again by car. Thank you so much, but.....no thank you.」

思いつく限りのお断りフレーズを並べてお断りする。彼が地図にもう一度目を落とし、指で入り組んだ道をたどる。指が地図上で迷っている。

「やっぱり君一人じゃ無理だ。僕が助手席に乗るのを許してくれたら、案内できると思う」

少しバツの悪そうな笑いを浮かべて、再びそう言う。お願いすることにした。

ホテルに着いた！　彼の言った通り、同じ道をたどれと言われてもすぐには無理な道だった。彼が二度ほど「ちょっと待って」と言いながら、通れるか確かめてくれた。おそらく、ホテルまで最短の道を選んでくれたのだと思う。最後に「この道を通れ」と言われた道は、さすがの私も一瞬ひるんだ。そこはさっき徒歩で向かうときに通った、石造りの高い建物のあいだの、狭い谷底のような道だった。

「Are you sure?」

大丈夫かと聞かずにいられない前方の景色。その谷底の狭い道の突き当たりが、両側に迫る石造りの壁のあいだを、左に90度曲がっているのが見えたからだ。

「I think so」とチョット心もとない。

ここを曲がる！　と思ったものの、行くしかない。車を右いっぱいに寄せ、車の鼻先を壁スレスレに沿わせながら、無事通過すると、ホテル近くの道路に出たのだった。

道案内してくれたアストルガの「パウロ」さん

さて、その後の二人の運命やいかに。ですよね。

まるで、ハリウッドのラブコメディのようなプロローグだが、そうはならない。無事着いたホテルの前で名前を名乗り、丁重に礼を言う。旅行の後にプライベートな写真集をつくるつもりだけど、あなたの写真を載せていいかと問うと、「ノープロブレム」と笑顔で返ってくる。彼の写真を撮り、彼の名前も聞く。はて……パウロだったかカルロだったか……

「お家まで車で送る？」

彼が爆笑してお別れした。今思えば、お茶くらい一緒にいただいて、この町のあれこれを聞いておけばよかったと後悔する。彼のほうもそういう、なんというか、まぁ、なにがあったと思う。いかんせん、疲れ果てていた。

アストルガの「パウロ」さん、本当にありがとうございました。

カーナビをつければ解決できた問題だったな、という反省はある。でも、アストルガのちょっと気のいい「パウロ」さんには出会えなかっただろう。

◆Hotel Spa Ciudad de Astorga　★★★ 50€　ツイン一名一泊

アストルガ市内の中心部にあり便利。部屋の窓から中庭が見え、落ち着くホテルだった。朝食もまずまず。フロントも気持ちよかった。ホテルの地下駐車場へは、ホテルの裏通りから入る。細い路地で対向車が来るので入りづらかった。駐車場からフロントへはエレベーターで上がる。そのエレベーターに乗る手続きがチョット面倒だったが、エレベーター横の案内通りにボタンを押すと、荷物運搬専用のような、台に手すりが付いただけの乗り物が下りてきて、チョットびっくり。

第五章　ついにサンティアゴが見えた

六日目　３月29日（水）　今日の走行距離　１５７・３㎞　所要時間２時間01分

アストルガ―セブレイロ峠　１１２・１㎞　１時間12分

巡礼路最大の難所　セブレイロ峠を越える日

サンティアゴ巡礼路最大の難所と言われるセブレイロ峠。標高およそ１３００メートル。アストルガとの標高差は、８００メートルくらいだろうか。今日はそこを越えて行く。車でも徒歩でも、アストルガからはおよそ１００キロ。

アストルガから西は、イベリア半島北部に東西にわたって横たわる、カンタブリア山脈の西の端の山塊がせまる。平地は終わり、再び山また山だ。その山塊の、ガリシア州とカスティーリャ・イ・レオン州の州境の、ガリシア州寄りにセブレイロ峠のピークがある。

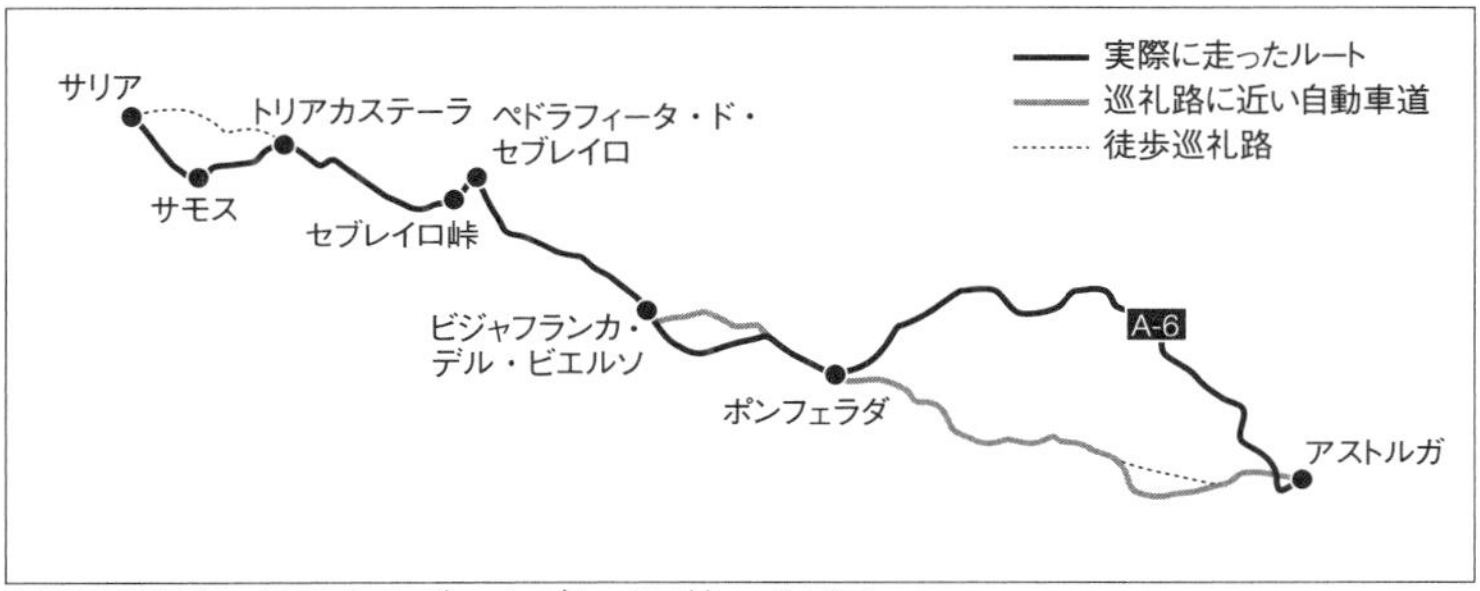

6日目の行程　アストルガ—セブレイロ峠—サリア

さて、徒歩巡礼だが、徒歩でセブレイロ峠を越える場合、アストルガを出ると、セブレイロ峠まででは一番大きな町、ポンフェラダがある。まずはその間に横たわる山並みを一度越えて行く。アストルガからポンフェラダまではおよそ50キロ。徒歩ならポンフェラダまでやはり、三日は十分かかるだろう。

ポンフェラダを出ると、行く手に迫る山間部の入り口の町ビジャフランカ・デル・ビエルソまで、けっこうなアップダウンの道を行き、ビジャフランカ・デル・ビエルソからは、山間部の登りが続き、最後にセブレイロ峠への急坂を登る。したがって、ポンフェラダからセブレイロ峠までのおよそ50キロは、緩急あわせた登りが続くから、やっぱり最大の難所だ。

今日はアストルガとセブレイロ峠へ至近の町、ペドラフィータ・デ・セブレイロのあいだは高速A-6を使う。この区間は、国道N-V1が高速にほぼ並走している。区間の走行距離は、A-6もN-V1もまったく同じと言っていい。N-V1が時間にして40分ほど余分にかかる。

スペインに入って、ドライブ六日目。アストルガ－セブレイロ峠のあいだは、計画を練ったときでさえ、ローカルな道をつなぐ作業に疲労を覚えた。連日続くドライブ。集中を切らさずに行く、体力の余裕が残っているか不安だった。高速も国道N-V1も巡礼路からは離れるが、悪天候にさえならなければ、高速で行くとプランづくりの段階で決めた。

セブレイロ峠は今回のルートの中で、もっとも訪れたい場所だった。

司教座の置かれた町に　ナポレオンもやって来て　スペインオムレツ食べた?

ドライブを開始して六日目の朝が明ける。窓の外はまだ真っ暗だ。昨夜の記憶が定かでない。部屋に入って、Yと息子に報告メールをした記憶はある。ホテル経営のレストランとバールが通りに面してあるのだが、衣服を整えて出かける気力がわかず、とりあえずと思ってベッドに横になった。そのまま寝てしまったらしい。一度目覚め、衣服を着がえて、またベッドにもぐりこんだのだろう。目が覚めると、iPadを枕に敷きこむように寝ていた。

外はまだ暗いものの、空は何となく明るい。今日はどうやら好天の気配だ。

このホテルは一応四つ星。インスタントでも熱い珈琲とお風呂が楽しめる。恒例の儀式を終え、テレビをつけ、天気予報を待つ。雨マークはない。

「よし、高速でいこう！」

そうくれば、今日の宿泊地サリアまでは二時間ほどだ。この古都アストルガでゆっくり過ごす時間が生まれる。

部屋の中庭に面した窓から、明かりがさしてくる。急に気がせく。身支度を整え、カメラ片手にフロントに降りる。

アストルガは人口一万人ほどの小さな町。古代ローマ時代に交通の要衝として栄えた町だ。旧市街は高い石垣に囲まれた台地の上にあって遠目にもわかる。

アストルガはヨーロッパ大陸とアフリカ大陸が最も接する、ジブラルタル海峡の真北に位置する。現在でもジブラルタルまで、ほぼ一直線で達する自動車道路がある。車や鉄道以前の時代には、ローマからもアジアからも、海賊は出ただろうが、波おだやかな地中海を船で来れば、スペインの最西部へ比較的簡単に入ることができ、その行きつく先にアストルガがあるというわけだ。また、ヨーロッパ各地からはピレネー山脈を越え、パンプローナから真西に陸路をとれば、アストルガに至る。

そんなわけで、市内にローマ時代の遺跡が保存されている。その後町は衰退したらしいが、巡礼路ができてからまた栄えたということだ。昨日訪れたサアグンも似たような経緯で今に至る町だ。巡礼路って、キリスト教の「町おこし」だったんですかねぇ？　ちなみに、ナポレオンもスペインはここまで侵攻している。

カメラ片手に早朝の散歩に出る。ホテルを出るともう町の中心部の広場だ。そこにアストルガ大聖堂が建っている。小さな町アストルガに似つかわしくない大聖堂。この町にりっぱな大聖堂があるについては理由がある。

アストルガはスペイン北部に初めて置かれた三つの司教座のうちの一つがある町だそうだ。交通の要衝の地に、キリスト教擁護の拠点として司教座が置かれた。なるほど。

司教座？　知ってる人は知ってるし、知らない人は知らない。司教様が座る椅子のこと。スペイン語で司教座位はcátedra、カテドラ。そこからcatedral、カテドラル、司教座のある聖堂、つまり大聖堂となるらしい。

イスラム勢力が駆逐されたあとのヨーロッパ史は、林立する小国の争いの歴史だとも言われる。国家の主権や独立を認め合うというルールが確立されるはるか以前のヨーロッパ世界において、その頭上にふんわりとかけられた一枚の網のように、共通する唯一のルールがキリスト教であった。キリスト教界はイスラム教徒の侵略を二度と許さないための、強固なシステムづくりに腐心したに違いない。その網目の結び目に大聖堂が置かれたと想像すると仏教徒にもわかりやすい。それらの大聖堂にそれなりの権威を与える必要から、信者の目に見える形で権威を現したもの、それが司教座だったのだろう。

それにしても、権威の象徴が椅子かぁ。司教座、王座、社長の椅子。たかが椅子、されど椅子だ。

さて、アストルガ大聖堂。早朝の赤い陽光の中に、威風堂々と建っている。まったくこの小さな町に似つかわしくない陣容だ。大聖堂の周辺は広場としてきれいに整備され、椅子やテーブルが置かれている。朝日に赤く染まる大聖堂の写真を撮る。本陣を囲む壁は、赤みを帯びた茶色の複雑な濃淡の石が使われている。それが白い漆喰を間に挟んで積まれている。

「ナッツぎゅうぎゅうの、ヌガーみたいだなぁ」

ヌガーは蜂蜜や砂糖の粘りでナッツ類を固めたお菓子というか、ナッツ入り飴だ。ナッツに絡まる蜂蜜や砂糖に、ミルクの類いを入れると飴の部分が白くなる。通常はすごく固くて、口に含んでいると粘って、歯にくっつく。厄介な食べ物だ。ヨーロッパ版の雷おこし？　食感は金太郎飴かな？　チョット強引だが。

アストルガ大聖堂の白い漆喰で固められた石積みの壁が、いろんなナッツがたくさん入ったヌガーの、巨大な切り口のようだった。折からの朝日に赤く染まった壁は、茶色のナッツがより濃く柔らかく美しい（カラー口絵４頁）。

早春の朝、空気はまだ冷たい。その中を仕事に向かう人が足早に通っていく。バッグをかついで学校へ行く子供たち。太陽の傾き具合からすると、ずいぶん早い登校だなと思うのは、夏時間のせいだ。足早に学校へ向かう女の子達。褐色の長い髪を背に打たせながら、おしゃべりに夢中だ。子供と動物はどこの国も変わらない。

ホテルに戻り、朝食。Ｙと息子に送ってあった、報告メールの返信をチェックする。二人には、昨日の青空に白い雲が浮かぶ、広大なメセタの写真を添付して送ってあった。Ｙからは興奮気味のメールが返り、息子からは「見た」のひと言だけ。ホントに男の子って！　フリーマーケットで売りに出したいくらいだ。えっ？　売ってどうするか？　話好きの娘を買う。

部屋でしばしの休憩。

外国で丁重に礼を言うには……

フロントで宿泊料の清算をする。地下駐車場は清算後も無料で使わせてくれると言う。アストルガの散策を続ける予定だったからありがたい。

外はいい天気だ。再び大聖堂前の広場。そういえば、自分自身の写真をまだ一枚も撮っていない。ここはだれかにお願いしようかな。そう思って見渡すと、出勤途中と思しき女性がやって来る。彼女に頼むと、快く引き受けてくれる。一枚撮って画像を確認し、もう一枚撮る。納得した様子で画像を見せてくれる。50％くらい若く撮れている。

「グラシャス。ありがとうございます」

通勤途中なのに引き留めてしまって申し訳ない。丁重に礼を言う。まだ二十代に見える彼女、ニッコリ笑うと再びコートのポケットに両手を入れ、これから職場に向かう人の、きびきびとした背中を見せて立ち去った。首に巻いたピンク色のショールのくたびれ加減に、彼女の堅実な暮らしぶりがうかがえるようで好ましかった。

ところで、たびたび「丁重に礼を言う」というフレーズを使ってきた。丁重なお礼、つまり日本風のお辞儀のことを指す。ヨーロッパでもこのお辞儀を通す。ただし、「サンキュー」とか「グラシャス」という横文字の感謝の言葉にお辞儀を加えると、欧米映画の中の日本人のようにアホにみえる。現地語でお礼を述べて、「ありがとうございます」と日本語でつけ加え、丁寧に一礼する。この日本語は頭を下げて元に戻す動作と納まりがいい。人の手を煩わせたのに言葉が通じない場合は、意識してそうする。

そこまでしなくとも、と言う人もいるだろう。ホントにありがたいときには、日本語の「ありがとうございます」が出てしまい、自然と頭がさがる。「へりくだる」という言葉があるが、対等の立場にある人に向かって、そういう敬意の表し方を欧米人はしない。普段、他人から頭を下げられるという経験がほとんどない欧米人には、ある種の説得力が伴うようだ。これまでの経験では、そうやって丁寧な一礼をすると、皆さん一様にとても好意的な反応が返ってくる。言葉なくして感謝の気持ちを受け取ってもらえる。今や「ありがとう」は、グローバルに知られた日本語だ。この丁重なお礼を海外でも貫き通したい。

アストルガ司教館　ガウディは建築家だった

アストルガ司教館に向かう。少し高くなった太陽光を浴び、白い花崗岩の外壁を輝かせて立っている。敷地右手のビジターセンターで料金を払い、その向かいに建つ司教館を見学する。

一階と二階、地下が見学可能だった。一階と二階はほぼ同じ造りになっている。入口を入ったところに螺旋階段があり、地下と上層階に行ける。入り口から中へ進むと広いホールがあり、その奥に小さな礼拝室と思しき場所がある。礼拝堂の周囲はステンドグラスの窓が半円を描いて取り囲む。大聖堂でよく見る、キリストの教えを説く、教条的な絵のステンドグラスと違って、幾何学的な模様が繰り返されている。その一番上の円い窓には、太陽神の顔のような絵や、船の錨を描いたステンドグラスがはまっている。何かを象徴するのかなぁ？　わからない。こちらの教養のなさが悲しい。

ホールには上階の床を支えるための柱が何本も立っている。石の柱の基礎部分から、大聖堂の天井を支えるのと同じ、アーチ形の梁が天井に伸び、上の階の床を支える構造だ。

そのアーチ形の梁を縁どるように、小さなタイルをはめ込んだ装飾が施され、一段と目を引く。茶の濃淡のタイル張りにグリーンの目地が使われている。そのアーチがホール全体に規則的な曲線を描いて重なり、タイルの縁取りがなければむしろ簡素にかたむく空間を、美しく装飾している。

　地下に降りる。地下はさらに太い石の柱が規則的に立ち、そこからレンガでアーチ形の梁をつくり、同じように上層階の重みを支えている。レンガの色が美しい。床は大小大きさの異なる方形の石が組み合わされている。石組みの単調さを破り、床にリズムが生まれる。

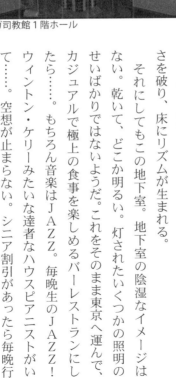

　それにしてもこの地下室。地下室の陰湿なイメージはない。乾いて、どこか明るい。灯されたいくつかの照明のせいばかりではないようだ。これをそのまま東京へ運んで、カジュアルで極上の食事を楽しめるバーレストランにしたら……。もちろん音楽はＪＡＺＺ。毎晩生のＪＡＺＺ！ウィントン・ケリーみたいな達者なハウスピアニストがいて……。空想が止まらない。シニア割引があったら毎晩行く！

アストルガ司教館１階ホール

　ガウディは外壁や柱の花崗岩、内部のアーチ型の部分に張られたタイルなど、可能な限りこの地方産の建築資材を使う方針だったようだ。外観の空に向かうのびやかな趣といい、タイル遣いのアーチの重なりといい、ガウディのキチンと計算された美しさがあった。

司教館の建設が行われたのは、おおよそ日本の明治時代の終わりころ、日露戦争が始まる前あたりということころだ。当時の司教とガウディが、共にカタルーニャ地方の出身ということで知己を得、司教がガウディに建築を依頼したらしい。司教が没した後、建築をめぐってアストルガ議会と衝突したガウディは、建築から手を引いたということだ。

アストルガ司教館地下室

アストルガ大聖堂の重厚さとはまったく趣の異なる司教館。古色を帯びた石造りの建物が並び立っていたであろう当時。その中に、新しい建材で似たような重々しい建築物をつくることの意味を、ガウディは認めなかったのだろう。古都の保守的な議会はまた、ガウディの新しいスタイルの建物が、古都の調和を乱すこと以外に、その意味を見出せなかったにちがいない。
十九世紀末から二十世紀にかけて、ヨーロッパを吹きわたった新しい風。街も人々の暮らしを支える技術も、どこかに残っていた中世の面影から完全に抜け出す方向へと大きく変わろうとしていた時代。ガウディはその新しい時代の風を司教館に吹かせたかったにちがいない。

二十一世紀の今もなお、周囲と際立って不釣り合いな司教館。それは現代風な建物にとって替わられつつある古都に、視覚的な活力を与え、大聖堂と並んで立つ新旧二つの過去の遺産が、この小さな町の存在を支えている（カラー口絵4頁）。

高くなった太陽の下、当の司教館は見る人の勝手な思惑など、どこ吹く風と言わんばかりに、軽やかに建っていた。まるでガウディその人がそこに立っているようだった。

「チャンと仕事してたんだ」

ガウディと言えばサグラダ・ファミリアの奇怪な建造物。そのイメージから、奇人、変人の類いかと思う人も多いだろう。

ともあれ、ガウディは建築家だった。「サグラダ・ファミリアの奇人」と思っていたわたくしには、これはちょっとしたカルチャーショックであった。

アストルガ大聖堂　祈りの声が聞こえた

大聖堂の見学に向かう。もう昼に近い時間なのに、内部は冷えびえとしている。暖房が入っている気配はない。受付の五十前後と思われる女性が、首にぐるぐるマフラーを巻き、キャメル色のコートをピッチリ着込んで座っている。彼女の足元に暖房器具があることを願ってしまう。

「Good morning. 中の見学できますか」

ニッコリうなずく。黒い髪をひっつめに結い、丸い黒い瞳がお年のわりにかわいい女性だ。なんか、その瞳が外に向かってチャンと開いているところがいい。受付という仕事にはとても向いていそうだ。

ビジターセンターから奥に向かう長い石畳の廊下を行く。石の壁、ドアを囲む石のアーチ。石また石。底冷えがする。冷え性の人が修道士や尼僧になろうと思ったら相当な覚悟がいる。

礼拝堂につながるドアを開ける。高くて、暗い空間が目の前に広がる。

アストルガ大聖堂の礼拝堂は、これまで見たいくつかの大聖堂の礼拝堂とはまったく違っていた。床は木製のモザイク模様の床。ギリシャの神殿のような太い柱が、邪魔なくらい何本も大聖堂の高い天井を支えている。灯りは壁の高い部分に切られた、いくつかの窓からさす太陽光のみだ。大聖堂の窓と言えば、目もくらみそうなステンドグラスが相場だが、ステンドグラスの窓はごく限られている。かつて地震の被害を受けたそうだから、そのせいかもしれない。

薄暗くて、簡素な礼拝堂。一組、夫婦らしき年配の先客がいた。彼らが出ていくと、薄暗い礼拝堂に一人残される。静寂そのものの礼拝堂。目を閉じると、かつてこの聖堂で行われた祭礼や式典が浮かんでくる。壁に並ぶ燭台に灯されたあまたの蝋燭。その灯りの中にゆらぐ、幾重もの信者のシルエット。彼らのかすかな祈りの声が、輪唱のように大聖堂の中空にこだまと化す。精神の集中と高揚。やがて神が出現する瞬間が訪れる。

フランスのサンティティエンヌ大聖堂を、旅友のYと訪れたことがあった。確か、世界遺産だったと思う。ステンドグラスの美しさでも有名な大聖堂だ。天井の高い大きな礼拝堂に、我々の他に年配のご婦人数名のグループがいるだけの静かな朝だった。そこへ幼稚園児七、八人が先生に引率されてやって来た。あらかじめ先生の注意を受けていたのだろう、小声でヒソヒソ会話を交わし、ククと声をしのばせて笑いあう。それが大聖堂のはるか中空にこだまする。まるでフランス語の天使が数人、ン？　数匹？　大聖堂の中空で戯れているような錯覚にとらわれた。

大聖堂の音響効果のなせる業、と言えばそうだが、どんな音も本当に美しく響く。ときとして、自分以外の誰かがそこに実在するように思える。こんな天井の高い空間をよくつくるもんだといつも感心するが、この天井の高さが、大聖堂を神に最も近い場所にさせ得る不可欠な舞台装置なのだなぁ、と納得する出来事だった。

著名な大聖堂はたくさんある。例えば、パリのノートルダム寺院もその一つだ。それらの大聖堂は、日中、神も沈黙するほどの観光客であふれかえっている。早朝再訪すると、嘘のように静まり返った礼拝堂で、熱心な信者が一心に何ごとか祈っている。出勤途中の人々がやって来る。書類ケースを手にしたサラリーマンが足早に訪れ、片ひざを折り、しばし祈りを捧げていく。日常の習慣なのか、それとも大切な仕事の朝なのか。いいなぁと思う光景だ。

日本人の神仏への関わりがほぼ冠婚葬祭に特化されるように、ヨーロッパの現代社会でも、日常的な宗教との関係はそう違わないだろう。そのなかで、大聖堂を始めとする教会は、神に向き合う場所として常に門戸が開かれている。こちらは無神論者だけれど、無神論者だって、ときには絶対に信頼しうる誰かに、心を託したくなる。そういうとき、教会に足を運び、神に最も近づける場所と信じ、無心に祈りを捧げる。そういう行為を常に保証し、許す場所があるのが羨ましい。一つの社会の奥行きのようなものを感じてしまう。小さな田舎町の何の変哲もない教会も、扉を開けて入ってみたくなる。

アストルガの肉屋さん

アストルガの町のウィンドウショッピングをする。

ホテル近くの商店街に肉屋さんがあった。実は海外の町で気になる店は、ブランドショップもいいが、肉屋さんとチーズ屋さん。特に肉屋さんがあると入ってみたくなる。入ってもいわゆる冷やかすだけだから、個人経営の店は入りにくい。外からそれとなく素早く見る。ショーケースに塊の肉がドンと並び、ハムやソーセージのたぐいが丸ごと横たわっている。その圧倒的なボリュームを見ただけで、なんか一挙に体温が上がる。

肉は、客の求めに応じ、その都度切り分けるのだろう。かつて魚は一匹買うのが当たり前だった日本で、魚屋さんが調理に応じて魚をさばいて売ってくれたように。恐れずに言えば、肉は切ってあるものを買うのではなく、切ってもらって買うもの。ショーケースに並ぶ肉が、誇らしげにそう言っている気がするのだ。やっぱり、体温が上がる。

そのアストルガの肉屋さんを、通りに面したウィンドウ越しにのぞく。反射する太陽光を手で遮りながら、ガラスに鼻をくっつけるようにのぞくと、あるある！　肉の塊がぎっしり詰まったショーケースが見える。入口右手に、オリーブオイルやオリーブの瓶詰のようなものを並べた棚が見える。息子家族への格好のお土産が買えそうだ。入ってみることにする。

店主らしい五十前後の男性がショーケースのレジのそばにいる。お顔が美味しそうである。つまり、いいお商売をしているように見える。

「あの、オリーブオイルが欲しいんですが……」

入口の棚を指さしながら、英語で試みるも、店主さん、チョット気恥ずかしそうに奥に向かって叫ぶ。その奥を見てはじめて気がついた。売り場の隣に、売り場より大きいかと思うような、肉の解体場所があったのだ。天井からまだ皮のついた豚がぶら下がっている。床に長く大きな台が一台置かれ、その台の上で、切れ味鋭そうな長い包丁が、今まさに豚

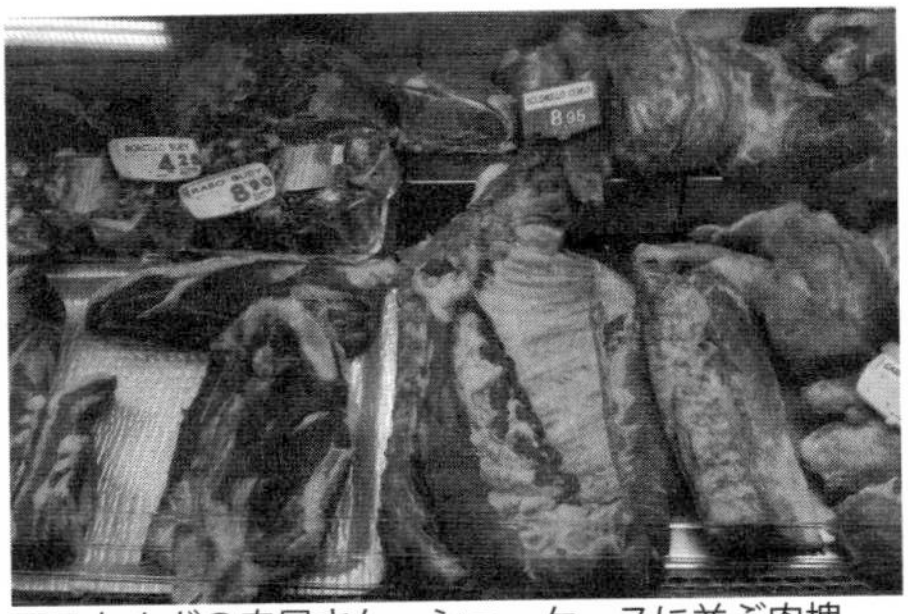

アストルガの肉屋さん。ショーケースに並ぶ肉塊

をさばいている。包丁を操る職人は、真剣そのもの。その迫力たるや、マグロの解体ショーなんてもんじゃない。解体ショーを見たことはないが。

「Wow! Wow!」

ワーオが止まらない。いくつかの言葉にならない疑問がいっぺんにわいて、それがみんなワーオになった。

「Great!」

やっとそう言うと、店主さん、「ウン」という風情で、今度は誇らしげにうなずく。

店主に呼ばれてやって来たのは、彼の娘のようだった。そうだ、オリーブオイルを買うんだった。彼女が最高のオリーブオイルとオリーブの瓶詰だと言うので買う。それなりの値段だった記憶がある。

レジで支払いをすませ、店主の彼に解体場所を写真に撮っていいかと、シャッターを押す仕草で許可をもらう。できるだけ近い場所からカメラを向け、何枚か撮らせてもらう（カラー口絵4頁）。ホントはすぐ間近で、包丁の切れ味よく肉がさばかれていくさまを撮りたかった。真剣な目つきで働いている男性二人を見ると、とてもお願いできない。残念。

それにしても、元祖魚食の民としては、四つ足の動物一匹を部位ごとに切り分ける作業は、何となく裏の仕事と思っていた。それが堂々と売り場のすぐ横に、しかも仕切り板の一枚もなく解体する場所があるなんて！　天井からぶら下がった豚は、彼らにとってもはや肉なのだ。肉を売る場に肉を切り分ける場所があって当然なのだ。肉を食べるスケールの大きさを見せられたようで、かなりのカルチャーショックだった。築地の魚市場を訪れる外国人も、似たようなカルチャーショックを感じるんだろうな、魚食の民のすさまじさに。しかし、この肉屋さん、作業台も床も壁に並んだ包丁にも、一滴の血の跡もない。豚は見事に肉と化している。やっぱり、いいお商売をされている。

店主の彼に例によって丁重な礼を言い、店を出た。

ちなみに、このオリーブオイルとオリーブの塩漬け、ホテルフロントのお姉さんに見せたら目を丸くしていた。なんだかすごくいいものらしい。どこで買ったかと逆に聞かれてしまった。それを聞いて、息子にあげるのがチョット惜しくなる。でも、あげましたよ、もちろん。

早春の花咲くアストルガの散歩

肉屋さんを出ると、建物の壁に気温と時刻を交互に表示するデジタル時計が設置されていた。12時33分。気温11度。

その後、王冠のマークのついた黄色のポスト。スペインの郵便関係は黄色のようだ。さらに舗道の上で円陣を組んで話し込む男性五、六人などの写真を撮りながら、町一番の広場へ向かう。それにしても、スペインの男性はよく群れる。

広場に向かう途中に小さな楽器屋さんがあった。町の市民オーケストラでバイオリンでも弾いていそうな、つまり生真面目な文系女子という感じの、三十過ぎに見える小柄な女性が店番をしている。東京の友人の娘がダンスの教師をしている。フラメンコを含むいくつかのダンスが踊れる。ふとその娘の顔を思い出す。

ショーケースの中のカスタネットを出してもらい、彼女に音を出してもらう。乾いた音が歯切れよく響く。小さいのと少し大きめのとあって、女性用男性用かと聞くと、好みだという。チョット音が違う。小さいのは軽やか。大きいのは力強く響く。両方とも捨てがたい音なので迷う。思い切って両方買った。一組は私用だ。ダンスとは無縁だが、日本でときどき鳴らしてみようと思った。ちなみに友人の娘は、手に収まるからと小さいほうをもらってくれた。日本製のカスタネットとは全然音が違うのだとか。

アストルガの中心部にある広場のカフェで、春の陽光を浴び、行きかう人々をながめつつ、珈琲を一杯。日中だから、普段着に身を包んだお年寄りが多い。出会いがしらに、嬉しそうに立ち話をする老婦人たち。アストルガは古都ではあるが、とても小さな田舎町なんだなぁ。

広場から南に向かう。公園に出る。桜、マグノリア、レンギョウ。早春の花々が咲き乱れている。石また石の旧市街を抜けてくると、ホッとする。春の陽光を待ちかねた人々が、何をするでもなくベンチに座っている。公園は高い城壁の南の端にある。春のどことなく霞を帯びた空気が天まで続き、その少し柔らかくなった空気を通し、遠くに雪を頂いた山々が見えた。そろそろ、古都アストルガとお別れする時間だ。

セブレイロ峠へ　１００キロの道のりを高速A-6で行く

ホテルの駐車場からN-120aへの道は、先刻の散歩で学習済みだったにもかかわらず、旧市街から降りたすぐのラウンドアバウトで出口を間違える。とりあえずＵターンしN-120aへ戻る。その後、町の郊外で、国道N-V1との合流点に至る。N-V1に合流すると5、６分で高速A-6の入り口に至るはず。その入り口を見逃さないように行かねばならない。A-6がN-V1と交差する高架下をくぐると右手にその入り口があった。

このA-6はグーグルマップ上で確認できる範囲で言うと、マドリードからイベリア半島の北西の端、大西洋に面するア・コルーニャ(A Coruña)という、人口およそ二十五万人の港湾都市へとつながる。その距離およそ６００キロ。ZARAというアパレルのブランドがあるが、ア・コルーニャ近郊にその本拠地があるという。そういう道路だから、やはりそれなりに通行量は多い。とはいえ、ウィークデイの午後だ。松本平を走る長野自動車道程度のまずまず快適な交通量だ。

今回は、セブレイロ峠への出口まであと10分という、４１９番出口で一度降りた。ガソリンスタンドやレストラン、ホテルのほかに、産直の自然食品の店があるとグーグルにあったからだ。

快適に高速を走り、４１９番出口へ。NV-1を下に見ながら降りる。巡礼路は山間部の入り口の町、ビジャフランカあたりから、国道NV-1に並走する。ガードレール代わりの、塀のようなもので仕切られた国道横の舗道を、徒歩巡礼の人々が何組か歩いているのが見えた。この先の集落に巡礼用の宿泊施設、アルベルゲがいくつかある。今日はそこ泊りか。

自然食品の店は、生ハムやワインが山のように並んでいた。日本の「道の駅」のような施設を想像していたらまるで違っている。豚のモモまるまる一個分の生ハムを買うわけにもいかない。早々に引きあげる。

再びA-6。およそ10分。セブレイロ峠至近の小さな町、ペドラフィータ・ド・セブレイロで高速を降り、国道N-V1へ。さらに、目まぐるしくラウンドアバウトを回り、無事LU-633へと入る。これで、セブレイロ峠へも、今日の宿泊地サリアへも、山の一本道をたどるだけだ。やった！　ここからセブレイロ峠の小さな集落ルガール・セブレイロ（Lugar Cebreiro）まで４キロほど。数分の距離だ。その数分が待ち遠しかった。

セブレイロ峠　茅葺き屋根の土産物屋さんに　少し太めの「ハイジ」さんがいた

ペドラフィータ・ド・セブレイロのラウンドアバウトから入ったLU-633は、いくつかのカーブを描いて登る。左手の小高い場所に集落が見えてくる。セブレイロ峠の集落、ルガール・セブレイロだ。LU-633から左に登る舗装路がついている。その舗装路を登ると、十字架の立つ小さな広場に至った。ちなみに、駐車場はこの広場のほかに、LU-633沿いにもある。セブレイロ峠の頂上へは、集落の真ん中の道を抜けてさらに登る。ちょっとでも高い場所を望むならこっちだ。カメラを携えて車を降りる。

峠下の小さな集落、ラ・ファバ (La Faba) 方面から登ってくる巡礼路があるはず。見回すと十字架の広場を少し下ったところに、石畳の道が見える。その入り口まで向かう。斜面に生える、今は枝だけの木々のトンネルをくぐるように、細い山道があった。これが巡礼路のようだ（カラー口絵8頁）。

周辺を写真に撮り、もとの十字架の広場に戻りながら巡礼路をもう一度のぞくと、下から登って来る二人の少年が見えた。先頭はメガネをかけた細身の少年。その少年に遅れること数メートル下に、先頭の彼の三倍はあろうかという、丸々と体格のいい少年が続く。あの体重でよく登って来たなと見ていると、やがて二人とも登りきり、軽く抱き合いおたがいの健闘を讃えあっている。彼らが落ち着くのを待って、手まねで写真を撮らせてと頼む。体重三倍の彼のほうが積極的で、メガネの少年の肩にのしかかるように手を回し、二

セブレイロ峠。十字架のある広場

人でVサインを決めてくれた（カラー口絵5頁）。

「Where are you from?」どこから来たのかと、試しに英語でそう言う。

「Leon」　体重三倍君が答える。

「ううん、あなたの国。スペイン人？」

「No. German? Germany?」

「あなたの国はGermanyで、あなたはGerman、ね?」と英語のレッスン。

「Ya」ドイツ語っぽい。

なるほど、レオンから巡礼を始めたのだな。国はドイツか。レオンからセブレイロ峠まで150キロほどある。日本でいうと小学六年生くらいの年頃だ。よく歩いたものだと感心する。手を振って別れる。

集落に入る。入ってすぐの左手に、石積の円形の小さな小屋がある。屋根はいわゆる茅葺屋根。狭い入り口の前に杖が何本も入った籠やら、絵葉書などがある。土産物屋さんのようだ。

まずは峠のピークに登ろう。集落は思っていたよりずっと小さく、ずっとかわいい。その短いメインストリートへと向かうと、左手の建物の縁石に、さっきの少年二人が腰かけている。

「ハァイ！」そう声をかけると、手を挙げて返してくれる。

見れば、もう一人赤い小さな本を手にした少年がいる。さらにその横に、ひげを蓄えたもう六十に近いように見える男性がいる。その男性に、さっき少年二人の写真を撮らせてもらった旨を告げる。背後の建物の扉が開き、トレッキング姿も決まった若い女性が出てきて私の横に立つ。

「彼らが写真を撮られたと言ってたんだけど、あなたなの？　フォトグラファー？」

と英語で話しかけてくる。少年二人が話したのだろう。身分を明かす。

彼女のほうが英語をよく話すので聞いてみると、ドイツの小学校の教師をしていると言う。春休みの課外活動で、巡礼路のトレッキングをしているようだった。

春休みに巡礼路を行くのかぁ。いいなぁ、やっぱり、ヨーロッパのどこかに住みたい。

少年たちに別れを告げる。

集落のメインストリートから見えていた小さな円い山を登る。登りきるとその先にもう一つピークがあった。背の低い木々の間から、十字架の先端が見えている。どうやらそこがセブレイロ峠のてっぺんらしい。

頂上には丸太で作られた素朴な十字架があった。その丸太のひび割れに、たくさんのコインが差しはさまれている。十字架の根元に幾枚かの写真と白いばらの造花が置かれている。中には結婚式の新郎新婦の写真もある。感謝の祈りを捧げたのか、ともに峠に立つことが叶わなかった人への鎮魂なのか。その写真の一枚一枚に語られないストーリーがある。

あらためて周囲を見回す。360度の視界が開けている。さっき降りた高速が見える。周囲は山また山。眼下に見えるガリシア州の山々。サンティアゴまで少しずつ低くなりながらも、この山が続くはずだ。ガリシア州は地図で見ても隅から隅まで黒々としている。山また山の州なのだ(カラー口絵5頁)。

遠くに冠雪した山塊が連なる。アストルガから見えていた山だろう。足元にはセブレイロ峠の集落、ルガール・セブレイロの家々の屋根が見える。新建材の屋根もあれば、昔ながらの石で葺かれた屋根もある。その石の一枚一枚が描くうろこ模様が、絵本の中の屋根にそっくり。

ルガール・セブレイロの集落は、峠の細長い尾根の上に十数軒ほどが肩を寄せ合うように立っている。徒歩巡礼の人のだろう、窓辺に張ったロープから色とりどりの洗濯物がぶら下がる。短いメインストリートの突き当たりに教会が見える。教会の裏手には、車を止めた十字架の広場があり、その奥の丘陵に広い牧草地が広がっている。

ガリシア州とイ・レオン州を分かつ峠。峠のてっぺんに立つと、ここを頂点にどちらへも下っていくさまがよくわかる。セブレイロ峠は、行きかう旅人が憩う場所であり、牧畜を営みながら峠を越える人々に食事や宿を提供する、そういう古くからの宿場でもあった

セブレイロ峠の集落を峠の頂上から臨む

のだろう。

かつては山賊も狼も出たという山の道。地理的な難所に加え、生命を脅かす難所でもあったのだ。天候の悪い冬の夜や吹雪の日には、いま眼下に見えるサンタ・マリア教会（カラー口絵5頁）は鐘を鳴らし続け、旅人に峠の場所を教えたという。峠を目指す旅人は、その音を聞き、鐘を鳴らす人を想い、どれほど勇気づけられたことだろう。

無事峠に登りついた人々は真っ先に教会へ行き、神への感謝の祈りを捧げたであろう。人里離れた峠の上で旅人の無事の訪れを待つ宿の人々。宿の暖かい暖炉の前で交錯するそれぞれの人生。いま、眼下に望む小さな集落が、実に多くの物語を秘めているように見えた。

峠のてっぺんの十字架周辺の草むらに、

黄色の小さな水仙が点々と咲いていた。野生のものなのか、誰かが植えたものなのか。いつ降ったのか、日影のくぼ地に雪が残っている。

頂上から降りたところに、まだ新しいおそらく公営だろう、巡礼の宿がある。その前を通って、真っ直ぐ教会に向かう。

メインストリートにさきほどの少年たちの姿はなかった。

濃い灰色の石で積み上げられた壁と鐘楼。内部も同じ石。簡素この上ない小さな教会だった。近くで見ると、大きさも形も違う石が、巧みに積み上げられている。どことなく素朴で、人の手が成した仕事の跡が見てとれる。圧倒的な重量感がある。となりに修道院の建物が続く。今はホテルになっているようだ。

土産物屋さんの前に立つ。かつては、家畜と人が共に暮らしたという小屋。パジョーサ(Palloza)と呼ばれる、円形の石組みの壁にとりかこまれた小屋だ。それが土産物屋さんになっている。屋根は日本でいう茅葺の屋根だ。日本だと茅で屋根をふく。茅はススキと同じイネ科の植物だが、ススキよりは背が高くずっと強靭な植物だ。ヨーロッパでは、屋根材に適した麦を選び、脱穀した後の麦の茎を使うこともあるようだ。パジョーサの屋根は日本の茅葺の屋根そのものに見える。

子供のころの思い出がよみがえる。実家のすぐ裏の里山に、茅の植えられた場所があった。秋になると持ち主がやってきて、茅は刈られていく。毎年そうやって刈り取った茅を蓄え、いつかやって来る屋根の葺き替えのために準備するのだ。その茅場が迷路のようで面白く、子ども数人で中を走り回って茅を踏み倒し、叱られたことがあった。その年の茅を成長途中で折るのだから、叱られて当然だ。叱られて初めて、それが屋根の材料なのだと知った。パジョーサの屋根を見ていると、実家の父に苦情を言いに来たおじさんの姿が目に浮かぶ。

茅葺屋根の土産物屋さん

土産物屋さんに入る。店内は所狭しと天井まで土産が並べてある。旅友のYと自分とに、巡礼ゆかりのホタテ貝の模様のついた、いくつかの土産を買う。

レジで代金を払うとき、そのレジの女性が日本人かと遠慮がちに聞いてきた。日本に友人と行ったことがあると言う。日本は素晴らしかったと、目を輝かせて言う。まだ独身のようにも見える若い女性だ。「毎日、この地方の美味しいチーズやハムをたっぷり食べているのね」と言いたくなるような、どこもかしこも丸々とふくよかな彼女。

巡礼路でも著名なセブレイロ峠。国籍を問わず、毎日大勢の人々と接するだろう。でも、どこか素朴だ。笑顔に屈託がない。しばらく話した後、日本とスペインの友好のために、と言ってホタテの模様が付いた旗と日の丸がクロスするバッジを、少し恥ずかしそうに差し出した。

峠は今も実にドラマチックだった。私自身の物語もよみがえらせてくれたセブレイロ峠。別れを告げよう。

土産物屋さんのレジで

スペイン北部の人々は日本人のよう

峠の「ハイジ」さん。彼女と話していて、ふと日本人と話しているような錯覚に陥った。どことなくシャイで、物静かに話す。ここに至るまで、スペイン北部の人々と間近に話すたびに感じていたことでもある。ビルバオの Holiday Inn のフロントの女の子、ヨーロッパカーのお姉さん。エステーリャのホテルのバールのお兄さん。デル・カンポのバールの女性。人当たりがどことなく柔らかで、物静かなのだ。

スペイン北部の人々には、言葉が通じなくとも、我ら日本人と共通する何かがある。髪も目も日本人と同じ黒。肌の色もいわゆる白人とは違う。皮膚の底に少し褐色を含んでいる。アストルガの路上で円陣を組んで話していた男性たちもそうだが、どちらかというと小柄である。これも違和感をおぼえない要因の一つかもしれない。アストルガの楽器屋さんの小柄な女性にいたっては、直毛の真っ黒な髪、同じ色の目。英語につまると、恥ずかしそうにうつむく。日本の町を歩かせたら、よく馴染みそうだ。

彼らの身の処し方が、どことなく我ら日本人のように見える。セブレイロ峠の「ハイジ」さんは、褐色の髪に茶色の目、肌も白かったけれど、その身の処し方がなんとなく、スペイン北部流だった。もしかしたら優しいとか親切とか生真面目とかいう言葉で語られる類いのことかもしれない。恥と思う感覚が似ているのかもしれない。「ハイジ」さんも日本を旅行して、そんなふうに感じたに違いない。スペイン北部の人々の間に、なぜそういう資質が育まれたのかはわからない。ただ、親密な人間関係の中で生まれ、共有されていくもののようには思われる。

しかし、そういう立ち居振る舞い、つまり社会的環境によって育まれたものとはまた別の、何か近しいものを彼らに感じるのだ。なぜかなぁと気になった。

以前、アメリカ人の若い女性に英語を教わったことがあった。彼女がやはり髪も目も黒く、肌の色も褐色を含み、何となく我ら日本人に近い。そうはいっても、顔の一つひとつの部品は、額から鼻へと至る線、目の有りようなどは、白人そのもの。身のこなしや身に着ける衣服の傾向も、若いアメリカ人女性のものだったけれど、彼女と話していると、ときどき日本人と話しているような錯覚にとらわれた。それが不思議で彼女にそう言うと、ネイティブ・アメリカン、つまり「インディアン」の血が何分の一か流れているという。

彼女が言うには、彼女が病院で生まれたとき、お尻に青い大きなあざが出ていて、それを見た医者があわてたという。お父さんもお母さんも外観は白人そのものだったからだ。何か重篤な病かもしれないと医者は思ったらしい。結局、母方だったかに、ネイティブ・アメリカンと結婚した人がいたことがわかり、蒙古斑が現れたということに落ちついた。

人類学的には「モンゴロイド」と分類される我らアジアの民。先史時代にベーリング海峡を越え、北アメリカ大陸に渡り、南アメリカ大陸へも渡ったとされる。北米ではロッキー山脈の、南米ではアンデス山脈の山岳の民として定着したと言われる。そういう説に従えば、同じ蒙古斑を所有する人々のグループが、アメリカ大陸にいたとしても不思議はない。

アメリカ先住民の彼らに、蒙古斑が現れるというのは驚いたが、そう聞いて、何か非常に近しいものを彼女に感じたわけを納得する出来事だった。スペイン北部の黒髪・黒い瞳の人々の中に、人類学的に我ら日本人と同じ人々がいるなどと、暴言を吐くつもりは毛頭ないが、彼らに何か説明しがたい近しいものを感じたのだ。あのアメリカ人女性の顔が、彼らの顔に重なって見える不思議な体験だった。

峠の土産物屋さんで、国旗のバッジをいただいたから言うわけではないが、スペイン北部の人々がとても好きになった。

セブレイロ峠―サリア　45・2km　49分

着いたぞ！　サリア

再びLU-633。セブレイロ峠からサリアへのLU-633は、山あいをひたすら下る道だ。蛇行しながら下るかと思えば、ヒェー！と思うような一直線の長い、ながぁ～い下り坂もある。片側一車線ずつのきれいな舗装路だが、サリアに近づくまでは、車の通行量はほとんどないに等しい山の道だ。

このLU-633だが、セブレイロ峠からおよそ20キロ、20分ほど下った、トリアカステーラ（Triacastela）という集落までは、巡礼路が車道にほぼ並走する。トリアカステーラを出ると巡礼路は、山の道と谷に下る道の二手に分かれるようだ。谷の道はサモス（Samos）方面へいったん下りたあと、再び登って山の道を行くようだ。トリアカステーラからは山の巡礼路はLU-633を大きく外れ、サリアに至る。

ちなみに、サモスは車だとトリアカステーラからLU-633をさらに十分ほど下った、サリアに近い小さな町だ。ここにサモス修道院というかなりの規模の修道院がある。

セブレイロ峠の土産物屋さんからサリアに向かう。しばらく行くと、さっきのドイツ人少年たちが隊列を組み、道の端を歩いている。先頭は女性教師、最後尾にひげの先生。子どもは峠で見た三人のほかにもう二人ほどいた。体重三倍君は、子どもの最後尾だ。あの体重では遅れ気味になるのだろう。隊列は結構な速さで下っている。下り坂が蛇行し、カーブから目を離せない。スピードを落とし、窓を開け、手を振りながら通りすぎた。気がついてくれたかな。

彼らの出発点、レオンからセブレイロ峠までおよそ150キロ。セブレイロ峠からサンティアゴまでさらに150キロ。サンティアゴへは峠からでもまだ一週間はかかるだろう。無事サンティアゴへと願う。

ドイツの小学生を横目に見てLU-633を下り始めると、左右にいくつも小さな集落が現れる。おそらく巡礼路上の村々だ。石造りの小ぎれいな家はアルベルゲか。そのテラスで夕食までのひと時を過ごす、徒歩巡礼と思われる人々。集落の建物すべてが白い壁、黒い屋根の集落もある。車で通り過ぎるのがもったいない。そう思う美しい集落が、左右の山の斜面に点在し、木々の間から見え隠れする。LU-633と巡礼路が交差するところで、山側から降りて来る徒歩巡礼のカップルが道を横切る。再び徒歩巡礼の人々が多くなる（カラー口絵8頁）。

LU-633はトリアカステーラの集落の下をかすめるように通ったと記憶する。斜面を見上げながら、きれいな集落があるなと思ったのが多分そうだ。

サモスを通り過ぎると間もなく山が切れ、住宅が立ち並ぶ地域に入る。サリアだ。着いたぞ、サリア。

サリアは人口一万三千人ほどの山あいの町だ。市街地に入ると、サリアはごく普通の田舎町に見えた。アストルガと比べると、人口はサリアのほうが多い。アストルガは何といっても、アストルガ大聖堂が町のたたずまいに品格を与えていた。車で走るのは最悪だけれど、司教座の置かれた町という誇りが旧市街のあちこちに感じられる町だった。サリアを見てあらためてそう思う。

明日、サンティアゴ空港で車を返却する。そのタイムリミットは午前11時だ。それに間に合わせるには、早朝出発する必要がある。そういう条件の中、距離的な負担を覚えず、無理なく行けるサンティアゴへの中継点。そういう理由のみで一泊することにしたサリア。今日は泊まるだけ。そう割り切れば、それなりに便利で、手ごろな大きさの町だ。

山あいの町サリアに少し日が陰りだすころ、今日の宿のペンション・オ・カミーノ(Pension O Camino)に着く。

サリア川の川沿いのレストラン街　ステーキ食べた

ペンション・オ・カミーノ。スペインの宿泊施設の分類ではホテルではなく、ペンションと呼ばれる。日本でペンションというと、チョットこじゃれた個人経営の洋風民宿を想像するが、まったく違う。一番違うのは、普通、朝食も含め食事の提供はない。個人経営の宿の中でも、イギリス発祥のＢ＆Ｂともまた異なる形態だ。Ｂ＆Ｂはその呼び名の通り、朝食が付く。

上等のペンションだと、部屋にキッチンが付いている場合もあるが、普通は共同キッチンがある。浴室は部屋に付くこともあれば、共同浴室を使い、シャワーだけということもある。巡礼路上のペンションの場合、これに洗濯機や乾燥機が付いていることが多い。長距離を歩く徒歩巡礼の人々のためだ。そもそも住まいだった自宅を改装し、宿泊施設に変えたり、投資の対象として買い取った、街の中心部のアパートをペンションに転用している。そんな感じがある。多くの場合、夜間は管理人不在になる。星のランクは一つ。

ペンションの利点は、まず宿泊費が安い。家族室のような広い部屋もある。家族で長期間利用するのにはリーズナブルだ。市街地から外れた郊外の田園地帯などにあることも多いので、車で移動する場合は便利だ。

サリアの宿にここを選んだ理由は、安い上に、バスタブが部屋についていたからだ。サリアの市街地に入ってすぐの、車で比較的アクセスしやすい場所にあったことも選んだ理由だ。清潔でバスタブさえついていれば、安くて不満はない。

ペンション・オ・カミーノは、大きな通りに面した四階建てのビルの中にあった。一階はスポーツ用品店。二階が事務所。三階から上がアパートという、まぁ、雑居ビルだ。その三階のワンフロアがペンションのようだった。

ペンションのビル入り口の、ガラスのはまった鉄格子のドアが開け放たれている。エレベーターで三階に上がる。エレベーターの扉が開くと、分厚い木製のドアが目の前にある。

「ここかぁ」

ドアをノックする。

五十くらいだろうか、丸顔がはじけそうな太めの、不動産屋さんマダム風女性が現れる。

「あなたノリコね！」

こちらが名乗る前にそう言う。なかなか、人をそらさない女性だ。

ドアを開けて入った小さな事務所兼ロビーで、ひと通りの本人確認をし、まずは部屋に案内される。部屋は小さいが約束通りバスタブがある。

ロビーに戻り、鍵の説明を受ける。鍵は三個。ん？　嫌な予感がする。一個はあなたの部屋用。二個目はペンション入り口ドア用。三個目はこのビルの出入り口用。という説明だ。ビル入り口って、あの鉄格子のドアか。さらにロビーと客室を隔てるドアがあって、そのカギはロビーに置いておくから、部屋へ入るときに使えと言われる。個人で使う鍵が三本に、宿泊客が共有で使う鍵が一本。しめて四本の鍵！　何だか、青ざめる。サリアってそんなに治安が悪い町なの？　それから、Wi-Fiのパスワードをくれる。

彼女、なんて名前だったたか、明るく、おしゃべり好きな女性だ。英語はあまり得意ではないらしく、スマホを出して何か質問があれば、ここに英文を入れろと手まねも添えて言う。急な場合どこに連絡するのか、どのくらいで来られるのか、車を駐車場に入れたいこと、食事ができる場所を尋ねる英文を打ち込む。スペイン語にほぼ同時に翻訳していく。住まいはここから車で5分のところだから、何かあったら電話してとスマホの番号をくれる。食事の場所はスマホの地図を開いて教えてくれる。

明朝の出発時の鍵のことを聞く。ペンション入り口のドアの鍵はかけないでいい。ドアを閉めてくれればいい。ビルの出入り口はオートロックで、外から施錠の必要はない。という意味の英文がスマホ画面に翻訳される。なので、明朝あなたの三本の鍵はここに、と言ってロビーの机を指さした。

それから、彼女のおしゃべりが打ち込まれる。

「スペインはどこから来たの?」

「サンティアゴの後は日本へ帰るの?」

サンティアゴからパリに飛んで、四日間パリですごす予定だと打ち込むと、彼女の顔がパッと明るくなる。スペイン語で自分も何年か前パリに行ったと言う。このスペイン語は何となくわかった。遠くを見るウットリとした目つきで言ったからだ。

島国の日本人からすれば、陸続きのおとなりの国フランスなんて珍しくもないだろうと思うが、そうでもなさそうだ。パリはお隣さんにも永遠の花の都らしい。頬を紅潮させせながら、そう言う彼女はとても可愛らしい女性に見えた。

彼女が自分の職務に気づき、駐車場の場所を案内してくれる。ペンションと道路を挟んで向かいのビルの地下に駐車場があった。また地下かと思うものの、いたし方ない。車を止めた道路はUターン禁止のようで、彼女が親切にも車の先導をし、迂回路を通り、その地下駐車場のあるビルまで戻ってくる。

道の端に車を寄せた彼女が、手に持っていた小さな四角いリモコンを押すと、シャッターが自動で上がった。駐車場の出入りにはこのリモコンを使うようだ。車からキャリーを出し、歩いて彼女と共にペンションに戻り、料金の前払いをする。駐車場のリモコンはここに置いておくと、彼女がロビーの机の上に置く。必要なときに使えということだ。

「じゃ。ごゆっくり」

たぶんそう言って、彼女は帰っていった。

部屋にキャリーを運び、お風呂にお湯を張りながら、Yと息子にメールする。明日は早朝の出発だ。朝の儀式は全部省かざるを得ないだろう。まだ日のあるうちに夕食に出る。

部屋を出て気がついた。部屋のドアも、ペンションの入り口ドアも鍵をかけていなかった。ここはオートロックではなかったわい。

一階に降り、ビルの出入り口のドアを引く。彼女が言った通りだ。内側からは簡単に開く。

外に出て手を離すと、素早く元に戻り、ガチャッと大きな音をたてて閉まった。

通りの反対の建物の裏に、サリア川が流れていて、そこに沿うようにズラッとバールやレストランが並ぶ。ウィークデイだし、まだ日があるし、どこも閑散としている。その中の一軒に入る。

肉をガッツリ食べるぞ！　そう決意してペンションを出てきた。昨日の夜と、今日の昼は、ドライブ中の緊急食糧として携帯している行動食で間に合わせた。飢えていた！

まずはビールを注文。それからメニューを見る。

前菜。英語併記のメニューを見ると、青菜と読めるものがある。ウエイターの男性にたずねる。チョット英語に詰まりながら、やはり青菜と卵の料理だという。青菜！　青虫のように青菜が大好きだ。青菜なら何でもいい。特に煮て食べると美味しいものがいい。前菜はこれに決まり。メインは「ビーフステーキが食べたい」というと、彼がメニューの中の一品を指す。メインも決まり。赤ワインをグラスで頼む。

この前菜が美味しかった。見た目は菜花のような青菜を、くたくたに煮込んだものを卵でとじてある。癖のない青菜だったが、「洋風煮びたし卵とじ」というか、汁気の多い薄味の一品で、お皿に山とあったが、あきずに平らげた（カラー口絵7頁）。

しばらく待つと、ステーキがやって来る。お皿に小山のようなステーキが乗っている。

「Wow!」

またもやワーオが出てしまう。

「これ一番小さいお肉？」

手で大きさを形づくって言う。

「Yes」

もう笑うしかない。彼もいっしょに笑っている。おそらく、男性がいただくもの。女性は別のものを頼んで、少し分けてもらう。そういう感じの肉の塊。

おいしそうに焼けていた。覚悟を決め、お皿に盛り上がったビーフステーキに挑む。焼くだけのようなシンプルな肉料理は和牛にはかなわない。赤身でさっぱりと美味しいのだが、噛み応えがある。赤ワインを飲みながら、半分ほど食べ進んだが、ギブアップ。付け合わせのジャガイモは美味しかった（カラー口絵7頁）。デザートはパス。珈琲をいただく。

ペンション・オ・カミーノ　鍵の失敗

ほろ酔いで、ホテルに戻る。ビル入り口の鉄格子のドアを開けねば。鍵をしまったバッグのポケットを探る。鍵がない！　バッグのどこを探しても鍵がない。あったのは、ペンション入り口の木製のドア用と部屋用の鍵だけ。これはもらったとき、一つのリングに二個が一緒にぶら下がっていたので覚えている。それしかない。どうしよう！

ペンションの彼女の電話番号も部屋に置いてきた。どうしよう！　車庫のリモコンも彼女が置いたところにそのまま置いてきた。車で寝ることもできない。どうしよう！　一瞬のうちにさまざまなことが頭をよぎる。

しばらく入り口でだれか出てくるのを待った。無駄だった。一階のスポーツ用品店は開いている。迷った。けれど、この店が閉まったら、人が出てくるか、だれか帰って来るか、その可能性を信じていつまでも待つしかない。意を決して表に回りスポーツ用品店に入る。四十代の男性店主がお客さんと話している。その話が一段落するのを待って言う。

「ペンション・オ・カミーノの宿泊客ですが、大変申し訳ないんですが、ビルの入り口の鍵はお持ちですか」

わけを話すと、心よく応じてくれた。お客さんにチョット待つようにと手で会話を制し、店の奥に消えた。あわてて外に回ると、彼が中からいとも簡単に開けてくれた。ペンションに着いたとき、この鉄格子のドアが開け放たれていた意味が、ようやくわかった。丁重に礼を言う。英語が話せる人で助かった。

上に上がるエレベーターに乗ると、一挙に汗が噴き出す。

「もう情けない」

この直後、もっと情けないことが起こった。

エレベーターを降り、ペンションの木製ドアのカギ穴に鍵を差し込む。鍵はスッと入ったのに回らない。再びパニクる。数回ガチャガチャ試すと、少し冷静になる。ゆっくりやってみる。半分回って残りがどこかに引っかかって回らない。部屋用の鍵と間違ったかと、そちらで試すものの、これはそもそもうまく差し込めない。

もう汗だくになる。鍵を持つ手が汗ばんでいる。エレベーターを降りたとき、三階のエレベーターホールがやけに暑いと思った。原因はおよそ想像がついた。この日は天気が良く、窓から入る西日で室内の空気が暖まり、ドアの木が反ったのだ。

困った。さっき丁重に礼をいったばかりのスポーツ店の店主の顔が浮かぶ。

「無理だ。頼めないよ」

ドアに額をつけて、しばしの思案。

再び一階に降りる。一階入り口の鉄格子のドアは、閉まらないように最大限に開け放し、スポーツ用品店に恐るおそる入る。

今度は店内に彼一人だった。

「I need your help」と恥をしのんで助けを求める。

彼と三階に上がる狭いエレベーター。至近距離で向き合う、その空気の気まずかったこと。もうスミマセンを言い続けた。なぜ彼女に連絡しないと問う彼の言葉が突き刺さる。男性の力が必要と感じると同時に、本当のところ、英語の話せない彼女より、話せる彼を頼ったのだと思う。

なぜ連絡しなかったか。その答えの一つは、彼自身が開けようと試みてわかったと思う。体格のいい男性だったが、彼の力をもってしても、押しても引いても鍵は回らなかった。そこまで開かないとは私も思わなかったが、彼も乗りかかった舟と思ったのだろう。渾身の力を込め、ドンと体当たりをすること数回。ようやく鍵は回ったのだった。まったく彼の仕事ではないのに、ありがたい気持ちと申し分けなさとで、消え入りそうだった。

エレベーターに乗る彼を、ひたすら頭を下げて見送った。

ペンションは管理人が常駐しない。そこがペンションの悩ましいところだ。お陰様で、自分のベッドで眠ることができた。眠りに落ちるまで恥ずかしかった。

「旅の恥はかき捨て」を地でいっている。こういう経験をすると、日本の路上で困っている外国の旅人を見たら、手を貸そうと思うのだが、皆さん私より地域の情報に詳しい。スマホ片手に歩く若い人は特にそうだ。下手に「何かお困りですか?」などと声をかければ、日本であっても、スリか窃盗団の一味のように扱われるだろう。旅のガイドとして、スマホやカーナビが、人に代わって信頼に足るツールになった。

地元長野県のかつてはひなびた温泉郷の話だが、近年、野性のサルが温泉に浸るさまを、はるばるヨーロッパから見に来る。二十年ほど前、谷底の露天風呂に浸るサルを「珍光景」として、地元のテレビが紹介した。町おこしの一環として、そのように餌づけしたのだが、いまや、そのサルをぐるっと囲む外国人観光客をテレビが映し出す。ネット上では『スノーモンキー』と呼ばれて有名「人」らしい。おかげで、その温泉郷は浴衣姿の外国人観光客が闊歩する町になった。時代は変わり、旅のしかたも変わった。人の好奇心だけが変わらない。

さて、迷惑をかけた鍵の話。実はまだ続きがある。

◆Pensión O Camiño　50€　ダブル一泊一部屋　バスタブ付き　専用パーキングあり　要予約　無料車でアクセスしやすい。サリア川沿いのレストラン街にも至近。

七日目　3月30日（木）　今日の走行距離109・1km　所要時間2時間08分

サリア―サンティアゴ・デ・コンポステーラ空港

サンティアゴへ出発の朝　車のドアが開かない

ドライブ最後の日。目覚める。外は暗い。昨夕のドアの一件をまだ引きずっているようで、どことなく気分が重い。もう一度熱いお湯に浸り、気分を変えよう。汗をかくと幾分とり戻す。荷物と部屋を整える。バッグとキャリーは部屋に残し、車を車庫から出しに行く。ゴルフをペンション入り口前の道路に回す。バッグとキャリーを車に乗せたら出発だ。

外はまだ真っ暗だった。しばらくライトを点けてのドライブだな。車のエンジンを切る。車をロックし、キャリーを取りに部屋に上がる。

キャリーとバッグを持って降り、車のドアを開け、キャリーを車に積み込む。

「これで　ヨシ！」

車の運転席に乗り込み、運転に必要なものをバッグから取り出し、助手席に並べる。ドライブ用の手袋を、運転席横のボックスに置くと、何かが手に触れる。見れば、さっき使った、車庫のリモコンをボックスに置いたままにしている。

「ヤバイヤバイ」

最後にもう一度、忘れ物の有無を確認するつもりで、ビル入り口のドアの鍵は持って降りていた。ドアも開けたままにしておいた。車をロックし、リモコンを持ってもう一度部屋に上がる。部屋を最終チェックし、チェックインのとき渡された鍵のすべてと車庫のリモコンを指定された机の上に置く。

「これでよしッと！　さぁ出発だ！」

これで、サンティアゴ空港で予定通り車が返せる。サンティアゴ大聖堂の昼のミサにも間に合うだろう。

ここまでは、良かったのだが……迷惑をかけた鍵の話。バージョン・スリーを始めよう。

いよいよ出発。エレベーターで一階に降り、鉄格子のドアを開け外に出る。

「このドア、もう閉めていいよな」

なんか閉めてはいけない気が一瞬した。ドアは「ガチャン」と閉まった。死刑執行人が最後のドアを閉めた音のごとくに、真っ暗な無人の通りにその音が響いた。て、あんな音ですかね?

車の横に立ちリモコンキーを向け、押す。エッ! もう一度押す。車が反応しない???

暗闇の中、手にしていたリモコンに目を近づけてみると、それはあの返したはずの車庫のリモコンだった。車のキーは? もしかしたら……ペンションに置いてきた? 置いてきた…み…た…い……どうしよう! どうしよう! 死刑執行人が閉めたドアは、もう開かない。

車にもたれてしばし思案をする。

「Yだったら、こんなときなんて言うだろう」

きっと物事の優先順位を決めてくれる。危機に面したとき、実に素早く頭が回転する人なのだ。

「サンティアゴ空港11時の車返却を、あきらめたらいいじゃん! お金払えばすむことじゃん」

そう言うYの声が、このときばかりは本当に聞こえた。いつも聞こえてないみたいだが。

「だよね」

サンティアゴ空港午前11時までの車返却は、すっぱりあきらめた。正午から始まる、巡礼者のためのサンティアゴ大聖堂のミサもあきらめた。無事に着きさえすればいい。そう思うと気が楽になった。明るくなるのを待とう。それからすべてを解決しよう。

けどなぁ〜。まだ真っ暗。別の心細さがつのる。

「野良犬に食べられちゃうヨ」

いくら田舎町のサリアだって、野犬の駆除は進んでいると思うが、心細いとこういう妄想にとりつかれる。

「じきに明るくなるってば」

再びYの声が聞こえた。

とりあえず電話ボックスを探してみる。ペンションの彼女がくれた電話番号のメモは、今度は持って出た。真っ暗な通りを往復１００メートルほど歩く。それらしきものは見当たらなかった。

一番にやって来たのは清掃車だった。それから犬の散歩のおじいさん。車にもたれて、清掃車が働くのをぼんやりと見る。清掃車がいなくなると、通りはまたシンと静まりかえった。

しばらくすると、車道を挟んで、通りの反対側の舗道を、女性がひとり歩いてくるのが見える。なんかホッとする。見ていると、ペンション真向かいのビルの一階に入っていく。それから表のガラスを拭いたり、掃き掃除をしたり。何かのお店のようだ。あそこが開いたら、近くに電話ボックスがないか、たずねてみよう。近くになければお借りしよう。そう思って注意していると、店の入り口の照明が点く。それとほぼ同時に男性がひとり、ふたりと店内に吸い込まれていく。

ン？　通りを渡って大きなガラス越しにのぞくと、なんとカフェだった！

「地獄に仏」とはまさにこのこと。こういうこともあるんだぁ、と他人事みたいに感心する。こんな真っ暗なうちから開くカフェがあるなんて、思いもよらなかった。

とりあえずここで珈琲を飲んで、ゆっくり考えることにした。

中に入ると、カウンター席だけしか私の目に入らなかったのだが、小さなカフェ。さきほど入った男性客が、ほどよく間隔を空け、カウンターに座っている。新聞を開いて珈琲を飲んでいる男性のとなりに、軽く会釈をして腰掛ける。カウンターの上のガラスケースに、デニッシュ類やクッキーのようなものが並んでいる。珈琲とその中のデニッシュを指さして注文する。

思いもかけず、熱い珈琲が飲める。「怪我の功名」「禍転じて福となす」というフレーズが頭に浮かぶ。なんかこれから先、すべてうまくいくような気がしてくる。

彼女が入れてくれた珈琲をすすりながらふと見ると、カウンターの端に、大きなピンクのダイヤル式電話がある。かつて日本の喫茶店に、このタイプの電話があった。公衆電話に違いない！　ヤッホー！　そうくれば「あわてる何とかは、もらいが少ない」だ。まずは、珈琲をゆっくり飲み、デニッシュをいただくことにしよう！　しかし……疑念がわく。使えるのかなあ。口に入れたデニッシュが喉に下りていかない。インテリアとして置いてあるだけだったら……どうしよう！

頃合いをみて、カウンターの女性に、ピンクの電話を指さしながら、電話をかけるしぐさをする。

「オーケー？」

「どうぞ」と言っている。おお！　彼女に財布のコインを見せ、使える硬貨を教えてもらう。ちなみに海外旅行中の財布は、ファスナーのついた透明なプラスチックの保存袋だ。大きさは、ポケットティッシュが入るくらい。そこにその日に必要と思われるおおよその金額を、コインや少額の紙幣で入れておく。万一落としても奪われても、痛手にならない程度の金額だ。現地のお金に慣れるまで、支払いに手間どると、お店の人がこれとこれ、というふうに袋の外から指をさして教えてくれる。Yが一緒のときは、毎朝おたがいに同額を入れて、共同の財布になる。今もそれを見せたというわけだ。

ペンションの彼女の電話番号はバッグのポケットに入れてある。少なくともサリアを無事離れるまで、いやスペインを、いや日本の我が家に着くまでは、持っておくつもりだった。いくらアホなわたくしでも、同じ失敗は二度と……するかも……

まだ、起きていないだろうと思うがかけてみる。ダイヤル式の電話なんて、もう久しくかけていない。うまくつながるか、またもや不安がよぎる。つながった。留守電がスペイン語で何か言う。メッセージを残せと言っているのだろう。

「I'm Noriko. I have a problem. Please come」

問題が発生。来て欲しい、と言って切る。少し間をあけ、数回、似たようなメッセージを留守電に残す。

カウンターに戻り、残りの珈琲を飲む。珈琲を飲み終わるころ、そのピンクの電話が鳴った。彼女からだ！　カフェの女性が応対している。受話器を片方の手でおおい、周囲をはばかるように小声で何ごとか話している。彼女の人柄がにじむような仕草だった。カフェの女性が、私のとなりの新聞の男性のほうを向き、何ごとかたずねる。男性が短く答える。それを、そのまま彼女が電話で伝えている。どうやら、その男性は英語が話せるようだった。私の数回のメッセージを聞いていたのだ。

カフェの女性が、あなたにという仕草で、受話器をこちらに差し出す。待ってました！

「グラシャス」

礼を言って電話に出る。

「I'm Noriko. Very very sorry. But please come」

謝りながら、来てほしいと、ゆっくり、はっきり言う。

「OK。すぐ行くわ」と彼女が言ったと思う。

支払いをすませ、カフェの女性と新聞の男性にお礼を言い、ペンションの前に止まったままの車に戻る。外はもうすっかり明けていた。

やって来た彼女に、ペンション前の舗道で車庫のリモコンを見せ、車を指さし、エンジンをかける仕草をし、スペイン人のように？　両手を上げ、頭を振る。

「マイ・カーズ・キアーベ」　そういってビルの三階を指さす。キアーベは鍵を指すイタリア語。もう英語もスペイン語もイタリア語もあったものではない。

私のジェスチャーの意味をすぐに理解した彼女、「笑っちゃ悪いけど」と言いたそうな表情で、笑いをこらえながら私の手から車庫のリモコンを受けとる。

「わたしが取ってくるから、ここで待ってて」そう言ったと思う。

やがて戻った彼女の手に、ワーゲンゴルフのキーが握られていた。

これを書いている今でも、つくづく大のつくアホであったと、気が滅入る出来事である。失敗のすべての原因は、ペンションの事務所兼ロビーの灯りを点けなかったことにある。

車庫のリモコンを戻しに上がり、忘れ物がないか部屋の最終チェックをした。部屋の灯りを消し、廊下からそのロビーまでは灯りを点けなかった。壁のスイッチが並ぶ場所より、その机のほうが近かったからだ。ごく短い距離だし、鍵を置くだけだしと思ったのだ。指定された机の上に、部屋とペンションの入り口ドアの二つの鍵はすでにのせてあった。そこにビル入り口の鍵と車庫のリモコンを置くだけだった。そのように置いたつもりだった。どこで間違えたか、車のキーをそこに置いてしまったのだ。車庫のリモコンの黒いプラスチックの厚みと感触が、ゴルフのキーについていた黒のプラスチックと同じだった。灯りをつけていれば間違いようはなかった。

キーホルダーを用意するべきだった。空港で海外仕様のスマホを借りるか、プリペイドのSIMカードに対応するスマホを持っていたのだから、手間を惜しまずカードを買うべきだった。万が一電話が必要なら、ガソリンスタンドででも借りればいいと高をくくっていた。サリアで失敗したことは、こちらの注意と準備が足りなかったが故に起きたことだ。

「わたしの不注意から迷惑をかけて、ごめんなさい」

英語でそう彼女に謝る。何回も謝る。キーが戻った安堵と裏腹に、情けなくて涙がこぼれそうになる。最初は明るくおおらかに、「いいのよ」と繰り返していた彼女の目に、うっすら涙がにじんでいる。それを見てとうとう涙がこぼれた。恥ずかしさと情けなさで、彼女を直視できなかった。

「車の運転、気をつけてね」彼女がそう言ったと思った。

涙だらけの目を彼女に向け、鼻をすすりながら、自分をとり戻す。

「グラシャス。Yes, I will」

うなずきながら何回もそう言った。

車のドアを開けエンジンをかける。窓を開け、彼女に手を振り、別れを告げる。ハンドルを握り、慎重にフットブレーキを解除する。車が滑り出すと、ようやくここまで走ったドライバーの自信をとり戻す。いや、とり戻せと自分を叱咤した。


防犯意識は、日常の習慣と言っていいかと思う。私の場合、外国の鍵のシステム、つまり防犯システムはわかっていても馴染めない。サリアでは本当に迷惑をかけてしまった。「人のふり見て、我がふり直せ」。お役立てください。

アナログな旅とも決別するときが来たようだ。『スノーモンキー』を見に来る外国人観光客を笑った自分が恥ずかしい。

ポルトマリンから森の巡礼路へ

ポルトマリンまでLU-633をひたすら快走する。サンティアゴ空港午前11時の車返却時

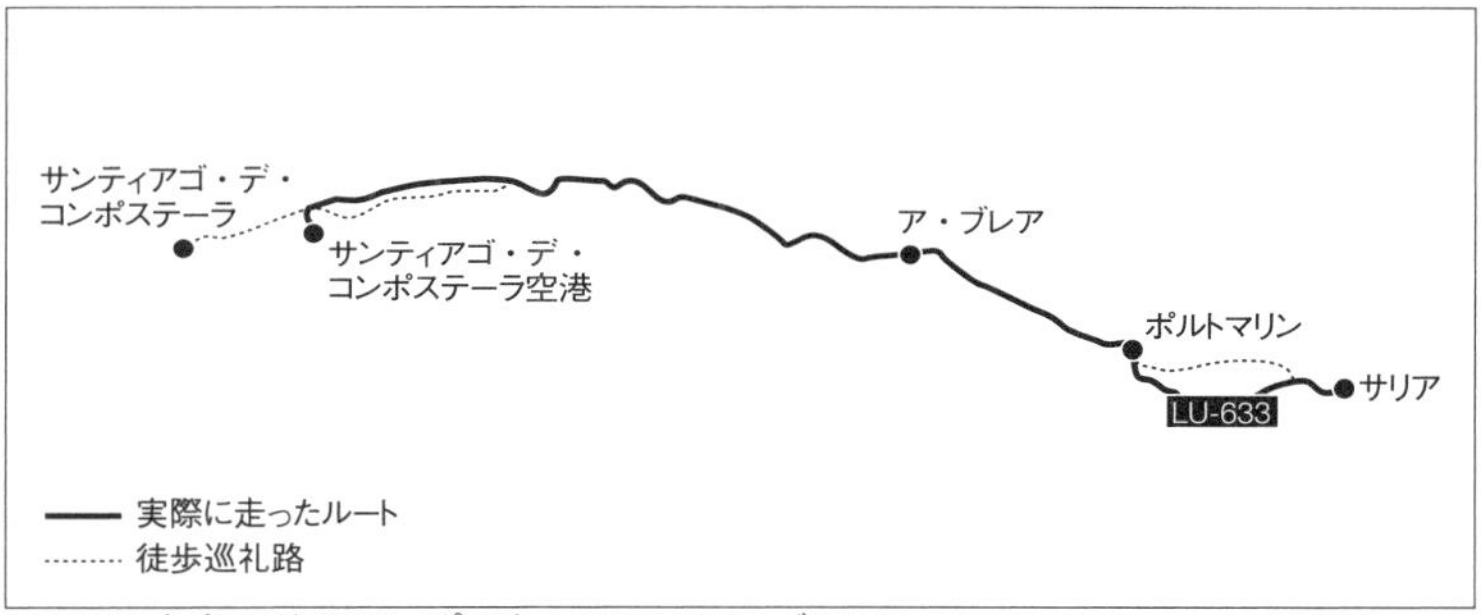

7日目の行程　サリア—ポルトマリン—ア・ブレア—
サンティアゴ・デ・コンポステーラ空港

間に間に合いそうな気がするが、着いた時が返却時間でいい。自分のペースで行く。せっかく来たスペインを、返却時間のために台なしにすることはない。一度すっぱりあきらめた返却時間に、もうとらわれることはなかった。

桜があちこちに咲く道を20分ほど走ると、大きな川べりに出る。ポルトマリンの人工湖だった。対岸の丘の中腹にポルトマリンの小さな街並みが見えてくる。路肩に車を止め、写真を撮る。町の一番高い所に、お城のようなものが立っている。ポルトマリンも古代ローマ人がミーニョ川沿いに要塞を建設したことに始まる古い町だ。ミーニョ川は下流で、ポルトガルとの国境を形成し、大西洋に流れ込む。こんな山ばかりの内陸にローマ軍が要塞なんてと思うが、イベリア半島西部を制圧する拠点のひとつだったのだろう。

人工湖の橋を渡るとラウンドアバウトがあった。ラウンドアバウトの中心から、小さな門柱が両側に付い

ローマ時代の要塞をほうふつさせる石垣。対岸の街並みがポルトマリン

要塞の望楼に通じる階段下を回るラウンドアバウト

た階段が、ラウンドアバウトをまたいで上に延びている。これもかなり古そうだ。階段を登ったところに望楼のようなものが見える。かつては川から上がり要塞に入る城門があったのだろうか。石の階段下をくぐるラウンドアバウトなんて珍しいので、二周ほどグルグル車で回る。交通違反ではない。小さなラウンドアバウトなので少々回りにくかったけれど……遊べるほどに、車は通らなかった。

ポルトマリンから先は、また巡礼路が国道に沿う。オ・ホスピタルという場所で、セブレイロ峠からずっと走ってきたLU-633は、N-540という国道に吸収される。ここからは森の中を通る巡礼路を走る。実は、行ってみるまでそれが巡礼路だという確信はもてなかった。

道の角に正規の巡礼路を示す道標が立っている。やはり巡礼路だった。巡礼路に沿うように行く、いくつかの車道を走ったが、巡礼路そのものを走るのは初めてだ。森の道という印象だが、車一台は十分通れる簡易舗装路がついている。舗装の部分は狭いが、路肩が広い。対向車も何とか交わせそうだ。この巡礼路に沿って、ここからア・ブレア（A Brea）というところまで行く予定だ。そこからサンティアゴへ直結する道路N-547に出る。11キロ、車の所要時間は33分。

車に戻り、前方に注意を払いながら、森の道に分け入る。この道は今回走った道の中では、一、二、を争うステキな道だった。北メセタの真っただ中を走ったLE-521とは別の意味で、いい道だった（カラー口絵8頁）。

しばらく行くと針葉樹の道から、広葉樹の道に変わる。今は落葉して枝だけを残す木々の姿が、それぞれの原形を描いて美しい。初夏から夏にかけて新緑に覆われた道は、さぞ美しい森の道になるだろうと思われた。道の両側に農家が一軒、二軒と点在する。牛が草を食んでいる。わずかな斜面を切り開いた牧草地が見える。どこもかしこも、気負いのないごく普通の農村のたたずまい。

一軒の農家の近くに、屋根のついた水場があった。どこから引いているのか、樋を伝って水がとうとうと流れ込んでいる。巡礼用なのか、そもそも、ここで暮らす人々や家畜の

「SANTIAGO DE COMPOSTERA 78.1km」と書かれた森の巡礼路入口に立つ道標

ためなのか。そのコンクリートの水桶の側面に［Heaven］と大きく黒い文字がスプレーインクで書かれ、大きな黄色の矢印が進行方向を指している。サンティアゴが近くなったのを実感する。その近くの草むらに［km 72.044］と書かれた、真新しい道標が立っている。

「あと70キロかぁ」

法定速度で走って、あと1時間だなんて。徒歩でなくとも感慨深い。一刻も早くサンティアゴをこの目で見たくなる。

道の突き当たりに壁にMeson A Breaと書かれた建物が見えてきた。グーグルマップでもそう書いてあった建物だ。ここがN-547への左折ポイントだ。間違いない。小さなカーブを曲がると、目の前に二車線の道路が現れた。これをひたすら行けば、サンティアゴだ。ヤッター！　サンティアゴが見えた。

最後の70キロ　徒歩巡礼者の列を追い越し　1021キロのドライブは終わる

N-547に左折。パラス・デ・レイ(Palas de Rei)のあたりから、国道に沿う巡礼路を歩く人々が遠足の列のように連なっている。おそらく、この辺りからサンティアゴを目指す人も多いのだろう。今日一日のピクニックのように、背中のバッグパックが小さい人も結構いる。しばらく左手にその列を見ながら行く。やがて、徒歩巡礼の人々の姿は消えた。

飛行機の絵とaeroportoと書かれた白い看板が見えてくる。その標識に従い空港へつながるSC-21方向に進路をとる。

N-547への左折ポイント

着いた！

返却時間午前11時の30分ほど前に着いた。ヨーロッパカーのブースで、キーを返却し、係のお姉さんのチェックを受ける。左後部にエステーリャのホテル地下駐車場でつけられた擦りキズがある。お姉さんがエンジンをかけ、走行距離等をチェックしている。これは後日メールで送られてきた。1021キロ。このドライブの全走行距離だ。無事に走り終えたことにホッとし、走行距離の表示を写真に撮るのを忘れてしまったので、ありがたかった。

「Bye!」

ゴルフに別れを告げる。よく走ってくれた。ヨーロッパカーの駐車場に収まったワーゲンゴルフは、次のドライバーを待つレンタカーの顔に戻った。

聖地サンティアゴ・デ・コンポステーラ　つかの間の滞在

サンティアゴ大聖堂のミサに間に合った　司祭様はこうおっしゃった

空港到着ロビーのタクシー乗り場から、タクシーでサンティアゴのホテルに向かう。女性ドライバーだ。サンティアゴ大聖堂の巡礼者のための、昼のミサに間に合いそうだ。モンテ・ド・ゴゾはあきらめる。

Monte do Gozo。「歓喜の丘」という名の場所が、空港から車で数分のサンティアゴ市内寄りにある。空港までの道路は、周りの丘陵地に邪魔され、どこからもサンティアゴの町影は見えなかった。徒歩の人々も同じはずだ。巡礼者はサンティアゴを目指す前に、「歓喜の丘」を目指す。徒歩巡礼の人々が、旅のあいだ心に描き続けてきたサンティアゴ・デ・コンポステーラ。その姿を人々が初めて目にする場所。それが「歓喜の丘」だ。かつてはこの丘からサンティアゴ大聖堂の尖塔がよく見えたことだろう。今朝、予定通りにサリアを出ていれば、十分時間はあった。ここはあきらめ、ミサに間に合うことを優先させた。

タクシーは旧市街入り口の路上で止まる。キャリーを引いて、ゴロゴロと石畳の抵抗を手に感じながら歩くと、すぐにホテルはわかった。看板がなければ、石造りのアパートのように見える。シンプルな木枠のガラスのドアを開けると、小さなロビーがある。フロントには誰もいない。しばらく待つ。黒のスーツ姿の若い女性がフロントに戻ってくる。

「I'm Maria」

フロントの彼女がニッコリ笑って名乗る。マリアかぁ。テキパキと物事を進める女性だ。荷物を預かってもらう。

「大聖堂のミサにどうしても参加したいの」

「もちろんです」

マリアがそう言い、荷物の預かり札をくれる。大聖堂の方角をマリアに聞き、急いでホテルを出る。大聖堂に近いホテルをと思い、旧市街の一角にあるここにした。ホテル前の道を曲がり、小さな坂道を下ると、大聖堂横の広場に出た。

礼拝堂に入ると、思ったより人は少ない。礼拝堂内部をざっと見て、とりあえず席を確保する。細長い礼拝堂は真ん中の通路を挟んで、左右に長いベンチが一台ずつ置かれている。詰めて座っても一台に五人というところか。そのベンチの祭壇に近いほうの半分は、ロープが張り巡らされ、中に入れない。前の席は大聖堂が巡礼と認めた人々もしくは、特別の何かで座ることを許される人々の席のようだ。

礼拝堂の高い天井から、大きな香炉がぶら下がっている。祭典のときに香がたかれ、振

サンティアゴ大聖堂でミサを待つ人々。大聖堂は大規模改修中

り子のように大きくスイングする香炉が、礼拝堂の信者の頭上に香を振りまく。ミサの呼び物の一つなのだが、今日はたかれる気配はない。

ミサの時間が近づくと、あっという間にベンチは埋まった。祭壇の準備が終わり、修道女であろうか、マイクの前に立ち、讃美歌を歌い始める。ビブラートの少ない、真っ直ぐな高い声の持ち主だ。礼拝堂に鮮やかに響く。似たような音律の歌がかなり続いた。少々退屈に思うところ讃美歌は終わり、神父が祭壇に立つ。いよいよミサかと思うが、何かの説明に立っただけのようで、すぐに祭壇を下りた。

しばらくして、司祭様という風格の神父が登壇。今度こそミサが始まった。まずは神にささげる祈りから始まる。

「アーメン」

礼拝堂の人々が見事に唱和する。こちらはアーメンのタイミングすらわからず、ただ聞き入るのみだ。それからお説教が始まる。

人々は司祭様に顔を向け、マイクを通して拡声されるお説教に耳を傾けている。そのしわ、ぶ、き、一つ聞こえない静寂の大聖堂に、スペイン語が響きわたる。その独特の抑揚をもつ言語を聞いているうちに、この旅の目標とした場所に今いるではないかと気がつく。

よくここまでやって来たという思いがわきあがる。同時にこれまでの我が身に起こったさまざまな出来事が、走馬燈のようにという表現そのままに、脳裏に浮かぶ。

四十代の終わりに重篤な病が見つかり、あの地下鉄サリン事件が起こったその日に、テレビに映しだされる映像をしり目に、手術のために入院した日のこと。よく晴れた日だった記憶。一カ月余りにおよぶ入院の後、人生の舵を自分の手で切ると決めた日。実家へ戻る長旅の終わりに、タクシーの窓から見たコスモスの花。刈り取りがすんだ田んぼの縁に咲き乱れていた、風に揺れるコスモスが途方もなく美しかった記憶。ほどなく、実家で倒れ二度目の手術を受けた日。ただ呼吸をし、ただ眠ることが、こんなに難しいものかと、その苦しさに生きる自信を失いそうになった日々。

そのすべてを乗り越え、人生を学びなおし、人の弱さを知り、強くなった。大勢の人に迷惑をかけ、大勢の人に支えられ、ここまで生きてこられた。そう思うと、不覚にも涙がこぼれる。あわててティッシュを取り出し、音をたてないように鼻をかむ。

何とか気持ちを立て直し、努めてお説教に耳を傾けるうちに、今度は猛烈な睡魔に襲われる。椅子から転げ落ちてしまう！　と思うころ、人々がベンチから静かに立ち上がった。

「なにごと？」

睡魔がいっぺんにふっ飛ぶ。あわててベンチから立ち上がると、右隣りに座っていた、若いカップルの男性が、微笑みながら手を差し伸べている。見ると、人々が前後左右の人々と握手を交わしあっている。静かなざわめきが大聖堂の中空に響く。

そういうことか。

サンティアゴ大聖堂の司祭様は、たぶんこうおっしゃったのだ。

「みなさん！　皆さんはさまざまな国から、地域から、そして、それぞれに異なる環境から、ここサンティアゴの聖地を目指され、無事、この聖堂に集われました。これは、神のお導きであり神のご意志なのです。さぁ、みなさん、立ち上がってください。そして、まわりの方々と握手を交わしましょう。この聖地で、共に神の祝福を受けられることを讃えあうのです。皆さまに、さらなる神のご加護がありますよう。アーメン」と。

私もその若いカップルと握手を交わした。サンティアゴ大聖堂は善意と安らぎに満ちた。徒歩巡礼の人々の席では、トレッキング姿のまま、固く抱擁しあう人々がいる。たがいに涙を流しながら抱き合っている人もいる。それを見ていると、セブレイロ峠からの１５０キロだけでもいい、無性に巡礼路を歩いてみたくなる。

人々が再び席に着く。神にささげる最後の祈りが数回続き、讃美歌を唱和し、ミサは終わった。大聖堂の空気が和らぐ。人々のざわめきがこだまする、はるか高い天井を見上げる。

仏教徒にとっては観光で訪れる大聖堂や教会。キリスト教徒の人々とはその眼差しがおのずと異なる。修学旅行中の、ピアスだらけの女子高校生が、荘厳なしつらえの中のキリスト像を見あげ、感動の面持ちで十字を切っていたりする。

観光地をめぐる旅をしていると、あらかじめ用意された観光の場所を、ただ追いかけているに過ぎないといつも思う。その焦りに似た感情が、大聖堂や教会を訪れると一挙に噴き出す。壮大な建築物である大聖堂には、西欧社会でキリスト教が及ぼした影響の果てしなさを目の当たりにするようで感嘆する。一方で、建物やしつらえの荘厳さを見ても、あの高校生のような感動は生まれない。そこには手を伸ばしても触れることのできない何かがある。感情を表に現さない他人の顔を向けられたようで、絶望に近い感情がいつもわいてくる。観光という名の旅がつくづく嫌になる瞬間は、見学するだけの大聖堂や教会でやってくる。

サンティアゴ巡礼路を見てみたい。そこから始まった旅は、山間の温泉郷の『スノーモンキー』を、ヨーロッパから見に来る人々の好奇心と何も変わるところはない。しかし、サンティアゴ大聖堂の高い天井を見上げていると、礼拝堂の高みから、今日ばかりは、仏教徒の頭上にも等しく神が舞い降りたような気がした。

「スペインへ、ようこそ」

初めてそう言われた気がした。とはいえ、スペインという国の玄関先で、そのドアをノックしたに過ぎない。

サンティアゴの街で温かいスープを飲み　葉書を書いた

サンティアゴ大聖堂のショップで巡礼グッズのお土産を買う。Yと自分用に、サンティアゴ十字軍の、赤い剣が交差する十字架が描かれたホタテ貝を買う。赤い糸が付いていて壁にかけておける。鉛筆を何本か買う。これは教えている子供たちへのお土産だ。それから絵葉書を数枚。お土産を過不足なく買うのは、けっこう難しい。その他に何点か巡礼グッズを買っておく。

ショップから出ると、今にも降りだしそうな重い雲が垂れ込め、肌寒い。旧市街のレストランでコーヒーを飲む。飲んでいるうちに温かいスープが欲しくなる。メニューを持ってきてもらい、スープとサンドイッチを注文。レストランのおばさんが、注文が逆でしょうと言いたげに、笑ってメニューを下げる。サリアで食べたのとよく似た青菜が浮かぶスープが来る。シンプルだけど、美味しかった（カラー口絵7頁）。

通りをしばらく散歩する。やたら若い人が多い町だなぁ。後でわかったが、この古都には大学がある。サンティアゴ大学。由緒ある大学のようで、学生数も多いらしい。サンティアゴは学生の街でもあるのだ。なんだか利発そうな若者が多い街だなと思ったのは、そういうことだった。

ホテルに戻る。チェックインの時間前だったが、フロントのマリアが使えるように手配してくれた。エレベーターを降りると木枠で囲まれた透明のガラス張りの壁がある。客室とエレベーターホールをたった一枚のガラスの壁で分けてあるだけの空間だが心地がいい。部屋は白を基調にしたシンプルでモダンなインテリア。手や足が直接触れるところは白木の材が使われている。テラスに向かって開くガラス扉がいくつか並んでいる。窓のそばに心地いい椅子を置き、日がな一日、本でも読んで過ごせそうな落ち着きがある。窓の下の通りは結構な人の往来がある。通りに古い石造りの細長い建物が並んでいる。野菜や花を売る店が見える。あそこはいったい何なのか、後でマリアに聞いてみよう。

部屋のデスクで、買ってきた絵葉書に文をしたためる。旅友Yと幾人かの知人、友人、それに息子家族に簡単な文を添えて書く。メールで伝えるのとは違う、臨場感があるという言葉を信じ、海外の旅先からはいつも絵葉書を送る。最後に、自分あてに一枚書く。そのときの気持ちを簡単な言葉で書いておく。

フロントに降りる。マリアにスペインサッカーの公式ユニフォームが買えるスポーツ用品店をたずねる。

「ところで、私の部屋から見える、あの古い建物は何?」

「マルシエよ。行くべき価値のある素晴らしいところよ」

マリアが誇らしげに言う。そうか、市場か。明朝訪れようと決める。

郵便局で葉書を出し、スポーツ用品店に向かう。

１００ユーロ札は偽札？　バールのはしごをした

マリアの説明は的確だった。旧市街を抜けた広場の先にそのスポーツ店はあった。店員の若い女の子に告げ、ユニフォームを見せてもらう。これは息子とサッカーをやっている孫へのお土産だ。少額の紙幣がなくなってきたので、両替も兼ねて現金で払うことにするが、少し足りない。

「秘密の場所からお札を出すので、ちょっと待っててね」

彼女が笑う。秘密の場所だから、どこから出したかは秘密である。１００ユーロ札を一枚取り出す。お札がかなり変形している。彼女に渡すと、手でしわを伸ばし、手元の機械にお札を差しこむ。何度差しこんでも押しもどしてくる。彼女が店主らしき男性に助けを求める。彼も試みるが、やはり押しもどされる。自動販売機に入れた千円札が、ときどき押しもどされるときみたいだ。

「偽札じゃないの？」

彼が笑いながら言う。

「No!　Never!　日本の信頼できる銀行で両替した新札です」

こちらも笑いながら言う。彼は「わかってるよ」と言うように、笑いながらうなずいている。彼はもちろん冗談で言ったのだが、「日本の」と言うとき、少し誇らしかった。日本人だって千差万別だろうが、こういう場面で「日本の」という言葉を、自信をもって言えることがありがたかった。

国家は国際社会にむけて、その信頼をおとしめるような行為を、断じて行ってはならない。よく言われることだ。何度も押しもどされる100ユーロ札を見ながら、その言葉の意味を実感する。国際社会で国家としての信用を保てれば、我ら非力な国民は、たとえ人種的偏見を受けようが何をされようが、日本国民としての誇りだけは失わずにすむ。頭から偽札を疑われずにすむ。国家の信用って、こういうことなのか。

それにしても、あの機械一体何だったのか。ともあれ、男どもへの土産はすんだ。やれやれ。


ユニフォームで膨らんだスポーツ用品店のオレンジのナイロンバッグを振りふり、旧市街に戻る。細い路地に入ると、右も左もバールにレストラン。ウィンドウにエビや貝を積み上げた店、生きた魚が泳ぎ、アワビがへばりつく水槽のある店。見ているだけで楽しい。まだ夕食には早いものの、喉が渇いた。程よく冷えた白ワインが無性に飲みたくなる。

チョットこぎれいな店に入る。入口のバーカウンターに座り、辛口の白ワインをカウンターのお姉さんに注文。美人アスリート系のお姉さん。走り幅跳びとか、棒高跳びとか、ジャンプ系競技が似合いそうだ。この仕事が好きでたまらない風情の彼女。テキパキと客の注文をさばき、その合間に短い会話でカウンターの客を盛り上げる。本当にこの仕事が好きなんだな。私には到底できない芸当だ。

別の店で赤ワインを飲むことにする。店内が明るそうなバールに入る（カラー口絵7頁）。カウンターのショーケースにズラッと並ぶ一品料理。オシャレなピンチョス。カウンターには、団体旅行と思しき東洋人の女性が何人か並んでおしゃべりに夢中。韓国語のように聞こえた。

赤ワインを半分ほど飲むと眠気を催す。朝早くからサリアでバタバタしたから、もう眠くて当然だ。

サンティアゴのレストランで

スペイン最後の夜

さすがに疲れた。ホテルのベッドで、Yと息子に無事サンティアゴに着いたことをメールする。Yにはサンティアゴ大聖堂のミサの写真と共に、司祭様の「こうおっしゃった」を添えて送る。

ホテルの部屋で少しのあいだ寝てしまったようだった。目を覚ますと、窓の外はポツポツと雨が降りだしていた。スペイン最後の夜はどうやら雨になりそうだ。窓に寄ると、マルシエの雨に濡れはじめた石畳の通りを、傘が色とりどりの模様を描いて通りすぎる。学校帰りの学生たち。仕事帰りの人々。みな足早にマルシエの道を通っていく。夏時間の長い一日も暮れはじめる。

雨が本格的に降りはじめた。マルシェの古い石の建物が、みるみる雨に濡れ、色濃く変貌していく。通りを行く傘の数がしだいに減っていく。暖かい夕餉の一皿が用意された家、帰ったアパートで一人ワインを傾ける人。一本の傘の下の若いカップル。通りを行く傘の下に、それぞれの暮らしが見える。

我が日本の暮らしを想う。この旅行を終えて、何か変わるものがあるだろうか。おそらく何も変わらないに違いない。けれど、スペインにやってきて、自らハンドルを握って走ったこの七日間とそれ以前に過ごした日々と、そのあいだには、単に見分を広めたという言葉では語りつくせない、大きく隔たる何かがある。

「サンティアゴ巡礼って何なん？」

その疑問から始まり、今ここにいる。たとえその間の記憶がいつか失われることがあるとしても、それに費やした時間のすべては、記憶とは無関係に存在する。それが何かとても意味のあることのように思える。

雨が降り続くサンティアゴの街。マルシェの石畳の道は濡れ、あちこちにできた水たまりを街の灯りが照らす。たっぷり雨水を吸い込んだマルシェの建物が暗い夜空にその輪郭をさらに黒々と描き、この町の長い歴史を物語る。サンティアゴの街はすっかり暮れた。明日はパリだ。これがスペイン最後の夜だと思うと、窓のそばを離れがたかった。

部屋の灯りも点けずにいた。灯りを点けようと、振り返ってギョっとする。暗い部屋に何個もの小さな紫色の飛行物体が浮かんでいる。エッ！　暗がりの中、目を凝らしてよく見ると、ベッドのヘッドボードに埋め込まれた蛍光電飾だった。えーっ！　クリーム色の人工皮革で覆われたヘッドボードの端に、サンティアゴらしき街並みが、一筆書きの絵のように描かれていたのは記憶にあった。部屋の趣味のよさとは、そこだけ違和感があったが、まさかこういう仕掛けだったとは。

サンティアゴ・デ・コンポステーラ。ラテン語のCampus stellae（星の野）にかけて、「星の野のサンティアゴ」、「野原のサンティアゴ」などとも呼ばれる聖地サンティアゴ。日本人の感覚、つまり死生観とかそういうことで言えば、キリストの教えに殉じて命を落とした伝道師サンティアゴは、野の土に帰りやがて夜空の星になった、という想像がしっくりくる。しかし、スペインの人々はサンティアゴをスペインの国を守る守護聖人に仕立てた。それは折から起こりつつあった、中世におけるイスラム支配から、国を取り戻す戦いの心の拠りどころになった。かくして聖人となったサンティアゴは、広大なメセタの夜空に光を放つ一番星のごとくに、今も人々の頭上に輝いているのだろう。

スペイン最後の夜は、ヘッドボードの星の下で眠った。

◆Hotel Pazo de Altamira　★★★　55€　一名一泊

石造りのアパートをモダンでシンプルに改装したという趣のホテル。インテリアの趣味がいい。フロントで受ける印象より、部屋のほうがずっといい。こういうホテルは珍しい。朝食は簡素。フロントのマリアにもう一度会いたい。

八日目　3月31日（金）サンティアゴ・デ・コンポステーラ空港―パリ・シャルル・ド・ゴール空港　今日の所要時間　ブエリング航空　2時間

出発の朝　マルシェの身が透けて見えるエビとアンコウ食べたかったなぁ

朝はいつも通り、薄暗がりのなか目覚める。恒例の儀式、熱いお風呂に浸る。今日は朝食を先にとり、出発の準備を全て整えてから、大聖堂へもう一度行ってみよう。それからマルシエだ。

食堂は一番乗り。温かい料理はない。普段パンにジャムはつけないが、美味しそうなのでいくらか皿にとる。その取り皿が白い陶器。スペイン北部の伝統的なワイン用盃だ。

「やっぱり、これ欲しいなぁ」

10時に空港までのタクシーを頼んであるから、それまでに見つかったら買おう。

朝食を終え外に出る。昨日の雨が石畳の舗道に残っている。その舗道を囲む建物の壁も雨が上がったばかりのように、たっぷり濡れている。古都の下町という風情がある。横の道から中世の装束そのままの人々が現れそうだ。

大聖堂横の広場に出る。昨日は観光客、高校生の団体、さまざまな人々が行きかっていた広場。今は誰もいない。昨日はミサに急ぐあまり、気がつかなかった、馬の彫像からほとばしる噴水。

大聖堂の扉を開けて出てくる人がいる。広場から階段を上がって中に入る。数名の信者がベンチにすわり、静かに祈りを捧げている。一番後ろのベンチに腰を掛ける。無事、サンティアゴに来られたことを、あらためて異教の神に感謝する。

サンティアゴの旧市街。誰かの庭に咲く早咲きのツツジ。もう終わりかけた紅の椿。街の風景を写真に撮りながらマルシエに向かう。

マルシエの建物を入り口からのぞいて驚いた。マリアの言うとおり、来るに値する場所だった。建物内部は広い通路を挟んで、両側のはるか向こうまで、魚屋さんが並ぶ棟。肉屋さんの建物では買い物客らしい男性がチラホラ。準備に忙しそうなおじさんが、射るような眼でこちらを見る。

「お邪魔します」って、スペイン語で何て言うんだろう。魚屋さんが居並ぶ棟に入る。その魚を見て、この町がどういう町なのかわかったような気がした。すべてがとても新鮮。魚はとてもきれいに扱われている。欧米のスーパーや市場をのぞくと、魚に別な魚の鱗がベッタリついていたりする。そういうのを持ち上げると、妙に弾力なくダランと垂れ下がる。魚の鮮度に対する認識は、日本人とまるで違う。

ここの魚を手に取ってみることはできなかったが、その鱗の輝きと、身の張り具合で新鮮さがわかる。サバに始まり、スズキ、ヒラメ、日本人にも顔なじみの魚が並ぶ。大きなタコもある。手長エビ、ワタリガニなどの甲殻類。エビは身が透き通っていて、買って帰って塩ゆでにして食べたかった。圧巻はアンコウ。おなかのところが数センチ丸くきれいにくり抜かれ、中の肝が見えるように、おなかを上にして何匹も並んでいる。スペインも、アンコウは肝かぁ。

その店のお姉さんに許可をもらって写真を撮る。いっぱい聞きたいことがあるのに……話せないスペイン語が恨めしい。

サンティアゴ大聖堂礼拝堂。早朝のお参りをすませた年配のご夫婦

サンティアゴは海に面した町ではないが、その西40キロ足らずのところに太西洋が広がる。京都から若狭湾までに比べたら、半分以下の距離だ。サンティアゴは今も昔も、そこで水揚げされた魚貝類の上得意様に違いない。

昨夜、ホテルのレストランで手軽に夕食を済ませたことを後悔する。今度サンティアゴ

サンティアゴのマルシェ

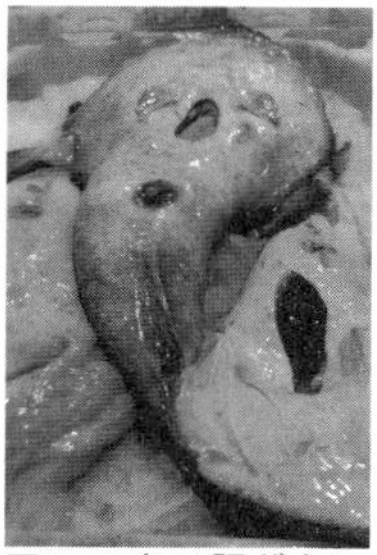
アンコウの肝がおいしそう！

に来る機会があったら、キッチン付きのペンションに泊まり、エビとワタリガニの塩ゆでをゼッタイ食べる！ アンコウだって鍋にする！ サバは、半身は酢でしめ、残りは塩焼き！ ヒラメは刺身。最悪、オリーブオイルと白ワインで蒸し焼きだ。それにたっぷりとレモンを絞って食べる！ 見果てぬ夢が続く。マルシェはホントにステキな場所だった。

マリア、ありがとう

サンティアゴを発つ時間が迫っていた。タクシーの予約時間の10時少し前に、フロントに降りる。

「オオ、サッカーのユニフォームは買えた？」

フロントのマリアが私の顔を見て、そう言う。マリアにお礼を言う。

「ああ、そうそう。お部屋のコップを一つ割ってしまったの、ごめんなさい」

きのう着いてそうそう、足を熱いお湯で洗ったとき、二つ並んだコップの一つを割ってしまった。洗面台下に寄せた割れたコップの写真を見せる。

「ノープロブレム」

「あぶないから、彼女に気をつけるように言ってね」

彼女とは部屋の掃除係の女性だ。きのう、チェックインのあと、部屋のドアをコンコンとノックする人がいるので開けると、部屋の掃除係の女性だった。忘れ物をしたようで、どうやらそれを取ってほしいと言っている。スペイン語がわからないので、中に入って取ってと身振り告げると、チョット驚いたような顔をする。まだキャリーもそのままだったし、女性だったのでそう言った。その彼女の顔が浮かんだのだ。

「……」

マリアの返事が返ってこない。

もう一度「あぶないから」と同じことを繰り返しながら、カメラから目を上げると、マリアがぼんやりとどこか遠くを見つめている。涙ぐんでいる。えっ！ こちらが狼狽する。

「オオー、イエス。彼女にそう言うわ」

マリアがあわてて言う。

マリアに何があったのだろう。宿泊客と何かあったのかな。スタッフとい、さ、か、い、でもしたのだろうか。背の高い活動的な印象を与える彼女。三十前後か。このホテルのフロントを取り仕切っているという、強い誇りを感じる女性だ。

きっかけは割れたコップの写真を見せるという、こちらの行為にあったとは思う。それがマリアの心の扉の一つを開け、たまっていた何かがあふれ出た。そうなのだろう。その扉の奥に秘められたものが何なのか気になった。

ホテルの料金を精算しながら、例のワインの盃がまぶたに浮かぶ。今朝の朝食で実際にその盃を手に取り、ジャムを入れてみると、この旅の恰好の記念品のような気がした。厚かましいと思ったが、思い切ってたずねる。

「アノー、今朝食堂でワインの盃を見たんだけど……あれ、もしできるなら、一個分けてもらえたら……もちろんお金は払うわ」

当然、マリアには断られる。マリアが電話をする。つながらない様子だ。チラッと腕時計をみる。

「タクシー、10時だったわよね。ちょっと待ってて」

そう言ってフロントから消えた。ほどなく、マリアが息を切らせて戻る。

「お店が開いているかと思って、行ってみたんだけど。まだだったわ」こちらが驚く。

「ありがとう、マリア。もう十分よ」バカなことを言ってしまったと後悔する。

マリアがタクシーのドアまで見送ってくれた。

「ありがとう、マリア。もう一度是非サンティアゴを訪れたいわ、いつかね」

「ノー。来年に」マリアがそう言う。

「オーケー。じゃ来年。元気でね、マリア」

タクシーがホテルを出た。

運転手に英語を話すか聞くと、少し話すというので、マリアのことを話す。運転手の彼も明るく気やすい。彼に盃のことを聞いてみよう。マリアが今朝してくれたことをかいつまんで話す。

「どこでその盃が買えるか、あなた知ってる？」

彼がどこかに数回電話し、ホテルにほど近い旧市街入り口の駐車場に車を止め、案内してくれる。昨日、スポーツ用品店の帰りに入ってみた雑貨屋さんだった。

買えた！　確かめなかったが、彼が電話をしたのは、マリアだったのだと思った。

空港で彼にタクシー料金を払う。盃のことがあったので、おつりは要らないと言う。ここでいいと言うのに、彼がチェックインカウンターまでキャリーを運び、私の手のボーディングパスを勝手に取って、飛行機が定刻に飛ぶことを確認し、チェックインカウンターのお姉さんに手続きをさせ、搭乗ゲートまで教えてくれる。

「マリアによろしくね。ありがとう」

彼が手を振って車へ戻っていった。

飛行機のチェックイン時間は11時15分。出発は11時45分。時間はまだ十分にあった。航空会社はブエリング航空。いわゆるＬＣＣ、格安航空会社の部類に入ると思われる。機体は片側二座席の地方都市を結ぶ小型ジェットだ。座席一つが基本料金で、あとはオプションの追加次第で料金が加算される。変更は手数料を取って可。キャンセルは不可。返金は一切ない。Ｙのボーディングパスを持って、ブエリング空港のチケットブースで確かめる。やはり、返金不可だった。

セキュリティを通り、出発ロビーに入るとホッとする。旅行の終わりは、少し早めにチェックインし、出発ロビーでゆっくり過ごす。ワインや、ときにちょっと贅沢をして、シャンパンを飲みながら、旅の最後の時間を心に刻む。

スペインの旅の始まりはビールだった。お別れも、冷たいビールでいこう！　まだ午前中なのがチョット恥ずかしい。早くにとった朝食以来、水分をとっていないことを言い訳に、売店のお姉さんに笑われながら、思い切って大のグラスを指さす。サンティアゴへの惜別と、無事に終えた旅への祝いのグラスだ。

春休みにパリに向かう興奮を抑えきれない高校生の一団にとり囲まれながら搭乗。シートに座り、隣の席にＹのボーディングパスを置いて写真に撮る。やはり、良心がとがめるのだ。この旅が、決して楽しいばかりの旅ではなかったこと、毎日倒れそうにエネルギーを使い果たす旅になったこと。そのことに免じて許してもらおう。送り出してくれたＹの同意があればこそ、旅に集中できた。

「ありがとう」

彼女のボーディングパスをたたみ、バッグにしまいながらYにあらためて感謝する。カメラをしまうと、猛烈な雨が窓を洗うように降りだした。外が見えない。出発が遅れるかと思ったが、そう思うのは私ひとりのようで、機内の乗客は気がついてもいない素振りだ。雨は出発時刻の直前にピタッと止んだ。あれはYの涙だったのだろうか？　洪水のように猛烈であった。

飛行機が無事離陸すると、眼下に幹線道路を行く車や、連なる人家が見える。昨日、サンティアゴまで走ったN-547か。サリアは？　セブレイロ峠は？　アストルガは？　確認する間もなく、機体は海に出る。目を閉じる。

「よくぞ走った」

深い吐息とともにそう思う。

エピローグ

パリ三泊四日のおまけの旅を終え、２０１７年４月４日の夕刻、安曇野市にある自宅に無事帰った。

パリはオルセー美術館・ロダン美術館・モンマルトルをめぐり、一晩はロンバール通りのジャズクラブでライブを聴いた。二晩は死んだように寝ていた。

自宅に着いてコートも脱がずにお湯を沸かし、煎茶の薫りとともに熱いお茶をひとくち飲みくだすと、Ｙに報告の電話を入れた。旅立たせてくれたことに感謝の想いを伝え、ひとりで行ってしまったことを謝る。

「ゼンゼンッ！」

Ｙはそうきっぱりと言ってくれた。ありがたかった。

偶発的なできごとによって、ひとりで行かざるを得なくなった旅。それがたまたま、聖地を目指す巡礼路だった。旅立つ前、私にとって巡礼路そのものはどちらかと言えば、ロングトレイルを行くトレッキングに近い認識だった。この膨大な距離を徒歩で歩こうとするところには、人々を引きつけてやまない何か特別なものがあるのかもしれない。それをこの目で見ることができるなら見てみたい。そういう何かボンヤリとした願望のようなものはあった。

いざ行ってみると、巡礼路で目にした徒歩巡礼の人々は、何も語ることなく、ただ黙々と歩いていた。彼らはセブレイロ峠で出あったドイツ人少年たちと同じく、むしろトレッキング中という印象のほうが強かった。

この旅では巡礼路はエステーリャから始まる。距離はサンティアゴ・デ・コンポステーラまでおよそ660キロ。その巡礼路に沿うかたちで、60％ほどの距離を車で走った。徒歩の人々と同じ山々を目にし、同じ麦畑の中を通った。しかし、徒歩の旅と車で行く旅のあいだには、見えた風景だけでは語れない、大きな隔たりがあるのは言うまでもない。聖地を詣でる巡礼路は、やはり歩くものである。それが旅を終えての正直な感想である。

けれど、歩くことと車で自らハンドルを握って行くことと、そこに生まれるいわば「ドラマ」はそれぞれにある。というと、他の手段で行く巡礼路にドラマはないのかと、お叱りを受けそうではあるが、自分の手足を使って行く旅に、よりドラマが生まれやすいという程度の意味だ。

あの膨大な距離を歩く人々は、そのとき自分に起こるドラマに遭遇したくて歩くのかもしれない。たとえスポーツに近いトレッキングだとしても、かなり濃密な時間が流れるに違いない。

巡礼路はその道の先に、一つの結末が用意されている。サンティアゴ大聖堂の巡礼のためのミサだ。その旅の始まりが贖罪にあっても、鎮魂にあっても、単なるトレッキングであっても、ひとりのドラマはサンティアゴ大聖堂のミサで、「大団円」を迎える。大聖堂に響く祈りの中で、人々は神の赦しや慈悲に救われ、等しく神の祝福を受けることになる。誤解を恐れずに言えば、巡礼路はその結末へといざなう、壮大なドラマに満ちた舞台なのだなぁと。異教徒もその舞台に登ってみたくなる。

かくして、手軽に車で巡礼路をたどった私にも、サンティアゴ巡礼路は応分の「ドラマ」を見せてくれた。

何度かヨーロッパの道を走ったとはいえ、車の旅をひとりで行くのは、自分の心身の能力を超える難題だった。ここで背を向けたら、何か大切なものを永遠に失ってしまう。外国でハンドルを握るなんて、もう二度とできなくなる。六十九の今だからこそ行かねばならない旅なのだ。そういう気がして、勇気をふりしぼって決断した旅だった。

あれから三年の月日が経とうとしている。Yの腰の状態は日常生活に支障をきたさないまでに回復し、一時は鳴りを潜めていた、旅への好奇心もむくむくと復活した。私は私で、この旅を敢行したおかげで、車の旅へのモチベーションは、今も切らさず持ち続けている。次の旅の準備は整いつつある。

とはいえ、この間にYも私も七十をいくつか越してしまった。Yと行く車の旅のタイムリミットは、もうそこに見えている。ツアーであれ何であれ、旅行することすら不可能になる日も間違いなくやってくる。覚悟はできている。

ローマで「Yワールド」全開の旅友Y。このとき64歳。ただ楽しい

暖かな陽光に包まれた老いの一日に、あの日関空に降り注いでいた早春の光を見つけ、あの旅に出る静かな興奮を、牛のように反芻していたい。遠くから響く「どっか行こう！」の電話の音に耳を澄ませながら……。

あとがき

一つの国を１０００キロにわたって走ってみると、それなりに見えてくるものがある。それを私に起こったドラマと呼ぶなら、そのすべてを一枚の絵のように描いてみたくなった。本どころか、日記ですら三日坊主の私に、長い文章が書けるなんて夢にも思わなかった。書くことはこの旅同様、大きな冒険だった。

書き始めると、一枚の写真から、記憶の中の人々から、さまざまな思いが喚起され、書きたいことが芋づるのように出てきた。他国をひとり車で行く二度目の旅はないだろう。加えて、本を書くことも、もう二度とないだろうという思いが、非常に雑多な内容の記述を、自らに許すことになってしまった。本書の編集に力を貸して下さった誠文堂新光社編集部の制止を振り切り、暴走してしまう結果にもなった。

それゆえ、この本を「旅行記」として手に取られた方々のご期待を裏切る記述になったかもしれない。また、巡礼路をロングトレイルのトレッキング程度の捉え方のまま本書を書き進めた、その浅薄さが筆致に現れる部分もあったかもしれない。こちらの筆力の幼さとご理解をいただいたうえで、お許しいただきたい。なおかつ、ここまで読み進んでくださった読者の皆様には、心より感謝申し上げたく思う。

皆様、本当にありがとうございました。

また本書は車で外国を行くことを勧めるものでは決してない。決してお勧めはしないが、同時に、周到な準備と、走る道路を選び、自分の体力や集中力に見合った運転のしかたを守れば、外国を車で旅することは不可能な選択ではないということもお伝えしたかった。本書を読んで車で外国へ行ってみようと思われる方がおられるとして、老婆心ながら、ひと言付け加えさせていただいた。

この旅行記を書きはじめたときから、一章分の記述が終了するたびに読んでもらったおふたりがいる。

ひとりは「我が旅友Y」こと、安長由起美さん。安長さんには読後の感想と、誤字・脱字のチェックをこちらからお願いした。彼女独特の簡単明瞭な言葉で送られてくる感想が、旅行記を書く励みになった。

もうおひとかたは、本文にも出てくる神田神保町のジャズ喫茶「響」のオーナーでおられた大木俊之助さんだ。『ジャズ・ジョイフル・ストリート』、『ＪＡＺＺなんだかんだ』、『ＪＡＺＺ楽苦我喜《らくがき》草子』などをはじめとし、ジャズに関するたくさんの著述を残しておられる。

現在は響庵通信というご自身のブログに、映画の中のジャズや、１９５０年代ハリウッドのミュージカル映画についての記述、またその時代のスタンダード楽曲の作曲家たちのことなど、貴重なお話を書かれている。

普段は気やすく「マスター」と呼ばせてもらっていて、主にメールのやり取りでご親交をいただいている。マスターからは作文の基本の約束事に始まり、貴重なご指摘をいただいた。とくに、「読む人の呼吸を大切に」というご指摘はありがたかった。このマスターの言葉を肝に銘じて書いた。そう書けていると嬉しい。

このおふたりには、拙文にお付き合いいただいたこと、心より感謝申し上げたい。読んでもらえる人がいる。それが書く力になった。大木様、安長様、本当にありがとうございました。

最後に、２０１９年時点で小学校五年生と一年生の、わたくしのふたりの孫にあてたメッセージをもって、このあとがきを締めくくることをお許しいただきたい。

健ちゃん、結ちゃん。

この本は、バアバが六十九さいのとき、ひとりでスペインに行き、ひとりで車を運転《うんてん》して、日本から一万キロもはなれた、スペインのサンティアゴという町まで行ったおはなしです。

外国で車の運転をするなんて、すごく「こわいなぁ」って思いました。

ひとりで、ことばのわからない、外国へ行くなんて、すごく「心ぼそいなぁ」って思いました。

だから、いっぱいスペインのことを調べて、いっぱいイロイロ、練習《れんしゅう》をしました。

ネットのグーグルマップという地図で、スペインの道を走る練習を、何回も、何回も、くりかえしました。こういうの「シミュレーションをする」っていうんだけど、スペインの道路を走るシミュレーションを何回もやったら、ある日、「だいじょうぶかも」って、思えるようになりました。

それでもひとりで行くのは、やっぱりこわくて、心ぼそかったんだけど、飛行機にのって、ひとりでスペインへ行きました。

「だったら、いかなきゃいいじゃん」って、思わなかった？

バアバは、冒険《ぼうけん》がしたかったの。冒険って、知ってるでしょう？

冒険のおはなしを読んだり、聞いたりするとハラハラ、ドキドキするでしょう？

ぼうけんってあれです。

ある人がこういったの。「冒険は人間の価値をあげる」。「ぼうけんはにんげんのかちをあげる」って読みます。ある人って、アーネスト・ヘミングウェイという人です。

「人間《にんげん》の価値《かち》をあげる」って、ちょっとむずかしいことばだけど、みんなのことばでいうと、「今よりカッコイイ人になる」ってことです。「冒険をすると、今よりカッコイイ人になれる」。ヘミングウェイはそういったのです。

バアバの冒険は、とても小さな冒険だけど、バアバは「今よりカッコイイ人」になりたくて、スペインへ、冒険をしに行きました。

健ちゃんと結ちゃんのふたりが、この本に書かれたことを、ほんとうにわかるまでには、まだなん年も、なん年も、かかります。そのころ、きっとバアバはもうこの世にいないと思います。だから、この本を書きました。

ふたりの大好きなえだまめをゆでてあげたり、塩むすびをにぎってあげたりするバアバは、ふたりがよく知っているバアバです。でも、そうじゃないバアバもいたってことを、いつか健ちゃんと結ちゃんに知ってほしくて、この本を書きました。

この本は、ふたりの知らないバアバがいたあかし、つまりしょうこです。

２０１９年２月４日に書きおえて　バアバ

ア・ブレア →N-547 / 57.5km / 0:51 →パラス・デ・レイ（Palas de Rei）経由→高速 N-54 / 2.0km / 0:02 → N54 の 711 番出口 → 空港アクセス路 SC21 へのラウンドアバウト左折 → SC-21 / 3.6km / 0:05 → サンティアゴ・デ・コンポステーラ空港内レンタカー駐車場

■ 3月29日（水）

アストルガ ⇨ セブレイロ峠 ⇨ サリア

今日の走行距離 157.3km　所要時間 2:01

①アストルガ — 112.1km / 1:12 — セブレイロ峠（O Cebreiro）

アストルガ市内 → N-V1 / 3.7km / 0：06 → A-6（高速）/ 103.0km / 1:00 ― 431番インター → N-V1 / 1.1km / 0:01 → LU-633 / 4.3km / 0:05 → セブレイロ峠の駐車場

②セブレイロ峠 — 45.2km / 0:49 — サリア Pension O Camino

■ 3月30日（水）

サリア ⇨ サンティアゴ・デ・コンポステーラ空港

今日の走行距離 109.1km　所要時間 2:08

①サリア — 24.6km / 0:26 — ポルトマリン

サリア Pension O Camino → LU-633 / 24.6km / 0:26 → ポルトマリン（Portmarin）のラウンドアバウト

②ポルトマリン—21.42km / 0:44 —森の巡礼路 —ア・ブレア（A Brea）

ポルトマリン → LU-633 / 11.2km / 0:11 → O Hospital → N-540 /120m →森の巡礼路 Ventas de Narón 方面へ右折 → 10.1km / 0:33 → ア・ブレア

③ア・ブレア — 63.1km / 0:58 — サンティアゴ・デ・コンポステーラ空港内レンタカー駐車場

②シロス修道院 — 107.2km / 1:42 — フロミスタ

シロス修道院 → BU-903—BU-901 / 6.5km / 0:06 → BU-900 / 32.0km / 0:27 → レルマ（Lerma）経由 → N-622 / 14.9km / 0:11 → ビリャオス（Villahoz）で BU-101 / 9.0km / 0:15 → サンタ・マリア・デル・カンポ（Santa Maria del Campo） → BU-400 / 16.0km / 0:13 → カストロヘリス → BU-400 / 3.3km / 0:03 → BU-403—BU-432 / 21.5km / 0:21 → P-431 / 4.0km / 0:06 → フロミスタ Hostal Camino de Santiago

---

■ 3 月 28 日（火）

フロミスタ ⇨ アストルガ Hotel Spa Ciudad de Astorga

今日の走行距離 170.4km　所要時間 2:26

①フロミスタ — 63.85km / 1:00 — サアグン（Sahagun）

フロミスタ → P-980/ 19.1km / 0:18 ーカリオン・デ・ロス・コンデス経由 → P-964 / 0.55km / 0:01 → N-120 / 42.5km / 0:38 → サアグン市内の西を周回する道路 / 1.7km / 0:03 → サン・ベニート修道院のファサード

②サアグン — 106.5km / 1:26 — アストルガ

サアグン → N-120 / 26.7km / 0:20 → N-601（レオン道路）/ 4.0km / 0:03 → マタジャナ・デ・バルマドリガル（Matallana de Valmadrigal）のガソリンスタンド → LE-521 / 17.2km / 0:12 → バレンシア（Valencia）で昼食 → CL-621 / 37.2km / 0:29 → N-120 /16.3km / 0:15 → N-120a / 5.1km / 0:07 → アストルガ Hotel Spa Ciudad de Astorga

2.5km / 0:05 → LR-206 / 4.0km / 0:04 → LR-204 / 12.0km / 0:11 → サント・ドミンゴ・デラ・カルサダ市内 → 3.4km / 0:05 → N-120への誘導路からN120へ → N-120 / 50.0km / 0:37 →（アタプエルカ遺跡への分岐点）→ N-120 / 12.0km / 0：11 →ブルゴス市内（ヌエボ・ブレバル通り経由）/ 4.6km / 0:09 → ブルゴス Hotel NH Collection Palacio de Burgos

---

■3月26日（日）ブルゴス泊

■3月27日（月）

ブルゴス ⇨ シロス修道院 ⇨ フロミスタ Hostal Camino de Santiago

今日の走行距離 169.8km　所要時間 2:44

①ブルゴス — 62.55km / 1:02 — シロス修道院

ブルゴス ホテル → N-120 / 100m / 0:01 →マドリッド道路 / 0.7km / 0:02 → BU-800 / 7.0km / 0:08 ーカルデニャディホ経由→ BU-V-8013 / 6.8km / 0:09 → N-234 / 19.0km / 0:14 →クェバス・デ・サン・クレメンテ（Cuevas de San Clemente）経由→ BU-901 / 24.8km / 0:25 →コバルビアス (Covarrubias) 経由→ BU-902* / 3.8km / 0:03 → BU-903 / 0.35km / 42秒→ シロス修道院　駐車場

＊現在BU-902はグーグルマップ上からはなくなり、BU-901 → BU-903とつながっている。

■3月25日（土）

エステーリャ ⇨ ブルゴス Hotel NH Collection Palacio de Burgos

今日の走行距離 187.0km　所要時間 3:00

①エステーリャ — 28.1km / 0:34—トレス・デル・リオのバス発着所

エステーリャ → NA-1110 / 4.1km / 0:09 → イラーチェ → NA-1110 / 24.0km / 0:25 →ロス・アルコス経由→ トレス・デル・リオのバス発着所

②トレス・デル・リオのバス発着所 — 52.4km / 0:42 — ナヘラ（Nájera）

トレス・デル・リオ → NA-6310 / 7.4km / 0:08 → A-12 / 11.2km / 0:07 → ログローニョ（Logroño）経由→ LO-20 / 14.8km / 0:12 → LO-20（A-12）の17番インター → A-12 / 16.5km / 0:10 → A-12　110番出口 → LR-113 / 2.5km / 0:05 → ナヘラ中心部のナヘリリャ川

＊ナヘラ市内を南北に流れるナヘリリャ川沿いの駐車場エリアに駐車可。川沿いのレストラン街で昼食・トイレ休憩可能。

③ナヘラ（Nájera）— 18.0km / 0:22 — サン・ミジャン・デ・ラ・コゴージャ（San Millán de la Cogolla）

ナヘラ中心部 → LR-113 / 5.5km / 0:06 → LR-205 / 10km / 0:11 → ベルセオ経由→ LR-205 / 2.5km / 0:05（コゴージャ市街手前で、Yuso表示の右折路からユソ道路へ）→ サン・ミジャン・デ・ラ・コゴージャ　ユソ修道院駐車場

④サン・ミジャン・デ・ラ・コゴージャ — 88.5km / 1:22 — ブルゴス Hotel NH Collection Palacio de Burgos

サン・ミジャン・デ・ラ・コゴージャ　ユソ修道院駐車場 → LR-205 /

■ 3月24日（金）

ビルバオ（Bilbao）空港 ⇨ エステーリャ Hotel Yerri

今日の走行距離 146.8km　所要時間 2:13

① ビルバオ空港 — 56.1km / 1:02 — ウルナガコ貯水池　レストラン La Posada jatetxea

ビルバオ空港 → N-633 経由 BI-3707 / 2.4km / 0:04 → BI-3715 / 1.5km / 0:01 → BI-737 / 6.9km / 0:12 → N-637 / 1.7km / 0:01 → BI-737 経由 N-634 / 3.6km / 0:04 → N-240 / 40.0km / 0:40 → ウルナガコ貯水池 レストラン La Posada jatetxea

② ビトリア市内回避ルート　20.9km / 0:21

ウルナガコ貯水池 → N-240 / 7.5km / 0:05 → N240 8番インター → 2.6km / 0:03 → 7番インターのラウンドアバウト左折 → A-3004 / 1.3km / 0:02 → A-3002 / 1.5km / 0:02 → A-3008 / 650m / 0:01 → A-2134 / 3.3km / 0:03 → N-104 /1.2km / 0:01 → A-4107* / 2.8km / 0:04（鉄道陸橋）– セリオ → A-132

＊注意：A-4107 はセンターライン有の非常に狭い畑の中の直線道路。

参考：ビトリア市内回避ルートの最短ルート N-240 5番インター → 高速 A-1 → A-1の357番インター → A-2134

③ A-132 経由 NA-132-A — 60km / 0:50— エステーリャ Hotel Yerri

■全行程詳細

道路に関する情報を、ここにまとめて掲載する。

データはすべて2017年3月時のもの。

最終旅行行程表を見やすく整理し、新たにごく短い区間距離なども調べ、付け加えた。原則として、移動中に思いつきで走った道路や立ち寄った場所は載せていない。走行距離、所要時間、地名はすべてグーグルマップで検索した。ルートは記入ミスや漏れがないことを確認したつもりだが、齟齬があった場合はご容赦いただきたい。また、トータルの距離は区間の距離をたしたもので、小数第二位を四捨五入した。

凡例

1. **■3月24日(金)**
   ビルバオ(Bilbao)空港 ⇨ エステーリャ Hotel Yerri
   今日の走行距離 137.0km　所要時間 2:13
   3月24日の出発地から宿泊地まで、1日の走行距離と所要時間を示す。

2. エステーリャ → NA-1110 / 4.1km / 0:09 → イラーチェ
   出発地 →道路ナンバー / 区間距離 / 所要時間→ 到着地

橋本 範子（はしもと のりこ）

1947 年、越後平野の農村地帯に生まれる。
1971 年、学園闘争の嵐が吹き荒れた大学を卒業。
現在、長野県安曇野市で主宰する私塾「N's ノート」の子供たちと、ともに学ぶ日々を送っている。
唯一の趣味は壊れた器を漆で修復する金継ぎ。

写真　橋本 範子

69歳《さい》の冒険《ぼうけん》―巡礼路《じゅんれいろ》をたどった1021キロ車《くるま》の旅《たび》

星《ほし》のサンティアゴへ

2020年3月14日　発　行　　NDC915

著　者　橋本 範子《はしもと のりこ》
発行者　小川 雄一
発行所　株式会社 誠文堂新光社
〒113-0033 東京都文京区本郷3-3-11
[編集] 電話03-5800-5779
[販売] 電話03-5800-5780
http://www.seibundo-shinkosha.net/
印　刷　星野精版印刷 株式会社
製　本　和光堂 株式会社

ISBN978-4-416-92001-5